Marion Lohoff-Börger

Mehr Massel als Brassel

Endlich Masematte verstehen und
einen toften Lenz hegen!

2. Auflage 2020

agenda Verlag
Münster
2018

Bibliografische Information der Deutschen Nationalbibliothek

Die Deutsche Nationalbibliothek verzeichnet diese Publikation in der deutschen Nationalbibliografie; detaillierte bibliografische Daten sind im Internet unter http://dnb.dnb.de abrufbar.

2. Auflage

Drubbel 4, D-48143 Münster
Tel. +49-(0)251/79 96 10, Fax +49-(0)251/79 95 19
info@agenda.de | www.agenda.de

Druck und Bindung: TOTEM, Inowroclaw, Polen

ISBN 978-3-89688-608-8

Marion Lohoff-Börger

Mehr Massel als Brassel

agenda

Für alle,
die nicht die Chance bekamen,
die Masematte weiterzugeben.

Inhalt

Vorwort **11**

Einleitung **13**

1. Kapitel: Jovles oder schofles Münster? **17**
1. In Münster is hamel wat ambach 17
2. Jovles oder schofles Münster? 19
3. Schöne Grüße aus Mochum anne Öle! 23
4. Kimmel Vogelkäfige anne Tiftel 25
Übern Tellerrand gekneistert:
Beseibelter Jif 29

2. Kapitel: „Bösch plete, du Hacho!“
Grundkurs Masematte **33**
1. Kurzinfo: Was ist Masematte? 33
2. Lektion: Vokabeln lernen.
How to survive a Saturday afternoon in a pub in Klein-Muffi 34
3. Lektion: „Werde kochum für Mochum.“
Vom Masematten-Stez (mit Figine) zum Masematten-Freier 35
4. Lektion: „Hier schmort die Achile lenzig.“
Achilen mit Masematte Teil 1 38
5. Lektion: Sprachliche Köstlichkeiten und Spezialiäten der Masematte 39
6. Lektion: „Achilenfleppe“
Achilen mit Masematte Teil 2 42
7. Lektion: „Nen jovlen Rees drauf haben!“
Raten mit Redensarten und Ausdrucksweisen 43
8. Lektion: Jiddisch, die Großtante der Masematte 46
9. Lektion „Tiere aufm Chalobeis“
Masematte für Kotens 49
Übern Tellerrand gekneistert: 50
Rätselhafte Masematte 50

3. Kapitel: „Vom Kotenswuddi bis zum Peigelscharrett". Mit Masematte durchs Leben **53**

1. Ansprache für den Gasselmann zur Hochzeit 53
2. Alles jovelino? (zur Geburt) 56
3. Kein Fitzebumm ohne schofle Mackelei (zur Taufe) 58
4. Geburtstagsfitzebumm (zum Schallern!) 60
5. Dieser Seegers war hamel ambach! (zur Beerdigung) 61

Übern Tellerrand gekneistert: 63
Jeder ist der Makeimer von sein Massel 63

4. Kapitel: „Der Molupenk, der kann uns mal am Tokus malochen!" Märchen auf Masematte **66**

1. Die „Knapp-vor-Münster-gebliebenen-Schallermänner" (Die Bremer Stadtmusikanten) 66
2. „Man kneistert sich immer bes mal im Leben": Der schofle Juchelo und die söjen Issen-Kotens (Der Wolf und die sieben Geißlein) 70
3. Greta und Jan (Hänsel und Gretel) 75

5. Kapitel: Jesuskoten, Engelkes und die brastige Mischpoke an Weihnachten **79**

1. Brief vom Weihnachtshegel: So, ihr lieben Kotens! 79
2. Advent in Mochum anne Öle 81
3. Die olfe Latüchte 84
4. Die Weihnachtsgeschichte auf Masematte 86
5. Die kimmel Sternreuner 88
6. Alle Jahre wieder 91

Schluss: Mehr Massel als Brassel (Neujahrsgruß) **93**

Danksagung 94

Abbildungsnachweis 96

Quellenverzeichnis 98

Glossar 99

Vorwort

Münster ist *jovel*! Oder ist Münster *schofel*?

Die Stadt Münster hat viele Facetten. Licht und Schatten, Neues und Altes, Vergessenes und Erhaltenswertes vereinen sich in dieser wunderbaren und vielfältigen Stadt.
Eins ihrer unbedingt erhaltenswerten Güter ist die untergegangene Geheimsprache Masematte. Der waschechte Münsteraner unterscheidet sich von allen anderen Menschen auf dieser Welt dadurch, dass er ein paar Masemattewörter kennt. Dazu gehören *jovel* und *schofel, Leeze* und *Lowine, Koten, Kaline* und *Seegers ….* Danach ist bei den meisten Münsteranern Schluss. Wirklich Masematte verstehen oder gar sprechen tut kaum noch jemand.
Dieses Buch ist geschrieben worden, um der Masematte zu neuem Leben zu verhelfen.
Die Leserschaft wird auf vergnügliche Weise mit einer frechen und rotzigen Sprache vertraut gemacht, die mehr Vokabeln für zwielichtige Angelegenheiten (oder Körperteile …) kennt, als für höfliche Umgangsformen oder gar Bildungsinhalte.
Leser und Leserinnen dürfen sich darüber hinaus über das Leben mit allen Ambivalenzen, Höhen und Tiefen, eben *Massel* und *Brassel* einfach mal ömmes *beömmeln*.

„Mehr Massel als Brassel",

das wünscht allen ihren Leserinnen und Lesern

Marion Lohoff-Börger, April 2018.

Einleitung

Anliegen dieses Buches:
Dieses Buch hat zwei Anliegen. Als erstes (ganz wichtig!) möchte es unterhalten. Und als zweites (auch wichtig!) möchte es die Masematte, eine untergegangene Geheimsprache aus Münster, neu beleben.
Die Autorin dieses Buches ist, was die Masematte angeht, Autodidaktin. Aus der Faszination heraus, die von dieser Sprache ausgeht, hat sie sich immer mehr damit beschäftigt und angefangen kleine Texte zu schreiben, deren Zusammenführung zu diesem Buch führte (wie eine bunte Patchwork Decke sozusagen). Anhand der Wörterbücher von Prof. Dr. Klaus Siewert, dessen engagierter wissenschaftlicher Arbeit es zu verdanken ist, dass die Masematte erforscht und erhalten geblieben ist, hat die Autorin sich die Sprache selber beigebracht und dann die vorliegenden Texte mit viel literarischer Freiheit (und vor allem viel Freude beim Schreiben) verfasst.
Das Buch hat demnach weder den Anspruch, eine fundierte wissenschaftliche Beschäftigung mit der Thematik darzustellen, noch die Masematte in seiner einst real existierenden Form wiederzugeben.

Was ist denn eigentlich Masematte genau?
Masematte ist eine verloren gegangene Geheimsprache, die circa ab der Mitte des 19. Jahrhunderts bis nach dem zweiten Weltkrieg in Münster gesprochen wurde. Der Name kommt aus dem Hebräischen und bedeutet so viel wie Verhandlung/Geschäft.
Der Wortschatz besteht aus einer Schnittmenge aus dem Jüdisch-Deutschen, der Sprache der Sinti und Roma, dem Rotwelschen und einigen romanischen und slawischen Sprachen. Es finden sich auch niederdeutsche und holländische Spracheinflüsse.
Masematte war eine rein mündlich, hauptsächlich von Männern gesprochene Sprache, die beim Handel zur Verdunklung von Sachverhalten diente. Die

Sprecher waren häufig mobile Händler, Handwerker, Leute vom Bau, Viehhändler oder Marktbeschicker. Die Masematte ist keine umfassende Sprache, sondern einzelne Wörter (wie beim jugendlichen Slang) werden in die gängige Sprache eingebaut.
In einigen Vierteln Münsters wurde die Masematte vornehmlich gesprochen: das Kuhviertel, Pluggendorf, die Sonnenstraße und Klein-Muffi (heute Hansa- und Hafen-Viertel).

Aufbau des Buches:
Das Buch hat fünf Kapitel, die ganz unterschiedliche Themenkreise beschreiben.
Im ersten Kapitel geht es um Münster und seine Ambivalenzen.
Im zweiten Kapitel wird die Leserschaft mit Spaß und Humor mit einem „Grundkurs Masematte" anhand von „Lektionen" in die Geheimnisse der Masematte eingeführt. Selbstverständlich wird nicht der Anspruch erhoben, dass die Leser und Leserinnen danach *Masematte-Freier* oder *Masematte-Kalinen* geworden sind. Zertifikate werden nicht ausgestellt!
Im dritten Kapitel begleitet uns die Masematte durch die Stationen des Lebens. Vom *Kotenswuddi* (Kinderwagen) bis zum *Peigelscharrett* (Leichenwagen) werden die Eckpunkte des Lebenslaufs mit Humor und Sarkasmus aufs Korn genommen.
Darauf folgen im vierten Kapitel freie Nacherzählungen von drei Märchen der Gebrüder Grimm. Die Bremer Stadtmusikanten, der Wolf und die sieben Geißlein und Hänsel und Gretel hören sich auf Masematte ganz anders an, vielleicht ein bisschen schnoddriger und weniger moralisch?
Im letzten und fünften Kapitel wird es weihnachtlich in Münster. Ob der Nikolaus oder der betrunkene, arbeitslose Familienvater den Kindern etwas erzählt oder die biblische Weihnachtsgeschichte auf Masematte *rakawehlt* (erzählt) wird, Weihnachten verliert mit der rotzfrechen Masematte ihre „schein-heilige" Feierlichkeit.

Unterbrochen werden die Kapitel von kleinen Exkursen. In einem Gedicht wird an die Deportation von Juden am 13. Dezember 1942 erinnert, später wird die Autorin von ihren ganz eigenen Fragen und Erfahrungen mit der Masematte berichten und es wird ein philosophisch anmutender Monolog gehalten. Das *Kneistern* über den Tellerrand, so der Titel der Exkurse ist immer einen kleinen Ausflug wert.

Gebrauchsanweisung für dieses Buch:
Um der Leserschaft das Lesen von Texten in einer doch eher fremden Sprache zu erleichtern, stehen unter jedem Text die wichtigsten Vokabeln mit ihren Übersetzungen. Alle Vokabeln der verwendeten Masematte-Wörter finden sich zusätzlich im Glossar am Ende des Buches wieder. Wörter, die immer wieder vorkommen, wie *böschen* (gehen) oder *kneistern* (sehen) beispielsweise, werden nicht wiederholt aufgeführt.
Es macht wirklich gar nichts, wenn man die Texte nicht sofort versteht, vieles erschließt sich auch von allein und es macht besonders viel Spaß, selber herauszufinden, was das ein oder andere Wort bedeutet. Zugegeben, die Leser und Leserinnen dieses Buches sind gefordert. Es wird Mühe machen, immer wieder zu blättern, um die fremden Wörter zu verstehen. Davon sollte man sich nicht entmutigen lassen. Die Texte sind so konzipiert (und konstruiert!), dass man sich oft denken kann, was gemeint ist. Wenn Inhalte sogar als bekannt vorausgesetzt werden können (wie bei den Märchen oder der Weihnachtsgeschichte) hat man schon die ersten Erfolgserlebnisse. Also: immer mutig 'ran an die Masematte´. Nicht aufgeben, am Ende wird man mit vielen neuen Wörtern im eigenen Masematte-Wortschatz belohnt.
Einfacher und noch amüsanter wird es, wenn man die Texte (sich oder anderen) laut vorliest. Die gesprochene Sprache Masematte, die per se nie

eine eigene Rechtschreibung besaß, wird so nah an ihrer ursprünglichen Form wiedergegeben.

Was die Grammatik der Texte angeht, so ist diese dem münsterländischen Platt entliehen. Wendungen wie *der is an Kneistern* (er sieht) sind typisch für das Plattdeutsche *(he is an Kieken)*. Auch Abkürzungen wie *de* (für du) und Begiffe aus der Umgangssprache sollen der Masematte ein authentisches Flair geben. Vielleicht wurde sie ja tatsächlich ein bisschen so gesprochen?

Selbstverständlich gab es zu Zeiten der Masemattesprecher keinen *Kneisterkasten* (Fernseher). Das was hier vorliegt würde der Fachmann als „Pseudomasematte" bezeichnen. Die Autorin folgt damit vielen anderen münsteraner Autoren vor ihr, die in den letzten Jahrzehnten diese alte, faszinierende Sprache ins Hier und Jetzt holten. Auf unterhaltsame Weise wird die Leserschaft in die Geheimnisse einer alten untergegangenen Geheimsprache eingeführt.

In jedem Text darf er oder sie lesen, oder „zuhören", wie Menschen aus Münster Masematte *labern* würden. Die Marktfrau Mia oder der Rentner Herbert, der Student Peter oder der Schrebergärtner Klaus sind fiktive Personen, denen der Leser bei ihren Gedanken, Reden und Ergüssen auf Masematte folgen darf. Und dabei eine Menge über die Masematte und - ganz nebenbei - auch über das Leben lernt.

In diesem Sinne:

Hamel Jontev (viel Spaß) beim Lesen dieses Buches und *dat ihr euch ömmes hamel beömmeln tut* (dass ihr wirklich viel lacht)!

1. Kapitel: Jovles oder schofles Münster?

1. In Münster is hamel wat ambach

(Was Marktfrau Mia den Touristen auf dem Markt von ihrer Heimat erzählt …)

Münster, dat is ne tofte Masematten-Metropole.
Im Münsterland, dat is die Bendine drumrum, da kannste jovel mit de Leeze peseln. Vielleicht kannste da auf einen von de Chalobeis Zossen, Poren und Schassörkes bedibbern und bewirchst von der Knäbbelalsche in son Bauerncafé wat zu frengeln? Dat wär doch jovel!
Maschemau, wenn de da hinböscht, dann haste gleich hamel Jontev mit de Kalinen und Seegers, die sind kurant, mucker und koscher.
Genau wie in Münster. Da is immer hamel wat ambach. Da kannste jovle Beiskens und Tiftels bedibbern, musste aber ne Patze hegen, dat meimelt hier oft.
Aber dann kannste inne Klamottenkabachen biggen. Oder picheln oder mauen. Hier schmort die Achile lenzig, dat schmus ich dir.
Aber lau masum brauchste nich zu böschen, für lau gibt's in Münster nix. Aber für ein Schocklamai aufm Schock wird dein Lowi wohl reichen.
Vielleicht wirste ja nen Scheetz von Münster, wir hegen ömmes ambach nen toften Lenz.
Bis demnächst mal wieder bei mir aufm Schock.

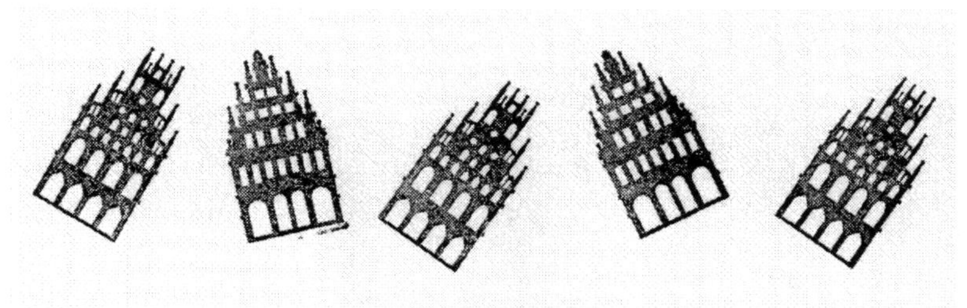

Glossar:

Bendine: Gegend / Chalobeis: Bauernhof / peseln: fahren / Zossen: Pferde / Pore: Kuh / Schassörken: Schweinchen / bedibbern: anschauen / bewirchen: bekommen / Knäbbelalsche: Bäuerin / maschemau: oh / hinböschen: hingehen / Jontev: Spaß / kurant: nett / mucker: schlau, schön / Beiskens: Häuschen (MZ) / Tiftel: Kirche / Patze: Schirm / Klamottenkabache: Bekleidungsgeschäft / biggen: einkaufen / mauen: gut essen / hier schmort die Achile lenzig: hier schmeckt das Essen gut / lau masum: ohne Geld / Schocklamai: Kaffee / Schock: Markt (Kirmes) / Lowi: Geld / Scheetz: guter Freund / ömmes: echt, tatsächlich / ambach: hier, da / nen toften Lenz hegen: viel Spaß haben

2. Jovles oder schofles Münster?

(Was Rentner Herbert in einer Kneipe in Klein-Muffi bei dem dritten oder vierten Bierchen seinen Kumpels erzählt …)

Masematte, dat gibt's ja ömmes nich mehr, so in dem Sinne, wie se dat vor den Krieg und so gelabert haben. Dat weiß ja jeder Koten inne Bendine von Münster. Und dat dat nienich einer geschrieben hat, dat is ja auch wohl jedereinen klaro wie der Lorenz.

Dat mit de Masematte, dat makeimern ja schon lange die Seegers und Kalinen, die dat damals nienich gelabert hätten. Die Schallers, Akademikers, Studentens vonne Willi-Uniwiesetät oder wie sich dat schmust. Wat weiß ich denn?

Also, wenn du inne Schule Masematte gelabert hast, dann hat dir der Schaller einen aufn Schero gedellt. Und dat nich so knapp. Ohne Vorwarnung. Geschämt ham sich die Leute, die Masematte gelabert haben, weil dann jeder wusste, dat du nen Jannagel bis und aus wat für ein armes Beis du kommst. Und aus welche Strehle. Dat war immer ne schofle Bendine. Da hatte jeder Zerche von.

Maschemau! Wenn se heute, also jetzt in diese Zeit, wo du und ich hier inne Katschemme an Rumstehen sind und unser Lowinchen an picheln sind, (Prost übrigens) Masematte labern würden, dann doch wohl in Kinderhaus, Coerde und Berg Fidel. Oder nich?

Dat hamse super in Münsters „Nobelstrehle" hingekriegt, ganz, ganz jovel. Von de Halbkarötters, da kneisterste nämlich nix hier inne Bendine vonne Innenstadt. Da is alles jovel an Glänzen tun, hamel tofte und piek …. Warum? Damit die Pattjacken, also die Touristen, die sich die feinen Beiskens und Tiftels ankneistern tun, denken: „Oh, wat ne jovle Stadt." Erst kürzlich hab ich einen schmusen hören: „A very rich city!", dat is Englisch, dat hat mich meine Enkelin geschmust. Die Pattjacken, also die Touristen, die sollen denken: Alles nur Dickbälger hier, denen die Pennunzen nur so aussen Juffermann wachsen. Als hätten se alle hamel Reibach bei Lowi. Maschemau, dat kann ich manchmal nich mehr an mein Schero haben. (Prost)
Aber bösch mal nen paar Meter die Strehlen weiter ausse Stadt raus. Da kneisterste gleich dat ganze Elend. Nix mit Pennunzen innen Juffermann, die an Wachsen sind. Kotens, denen die Rotze aussen Zinken läuft und die Alten von die Kotens sind an Quarzen und Picheln! Am hellichten Tag und die muckern dat nich, wat ihre Kinder wirklich brauchen. Die restlichen Kalinen und Seegers sind aufn Weg zum Burkbeis, wo se dann doch wieder keine Maloche finden. Da is immer wat ambach in diese Viertels von Münster. Bambonum, Stoof, Randale. Da muss oft die Husche hinböschen. Meine Enkelin rakawehlte mich dat. Die is da in son Kotensbeis an Malochen. Wat die da kneistert, da lernt sie dat Elend wirklich kennen. Mackes und

Schmisse, Schorerei, More und immer klamm mit Lowi … dat macht unzufrieden.(Prost)
Und dann hegen viele hamel Rochus im Bauch wegen die Flüchtlinge, die direkt aussn wirklichen Krieg kommen. Krieg! Dat kennt kaum ein Seegers hier inne Bendine von Münster. Nur die ganz alten Leute noch. Aber denk nicht dat die inne Nobelstrehle oder die feinen Viertels von Münster jovler drauf sind. Hier, Kreuzviertel, Mauritz und so, wo die meisten von die Dickbälgers wohnen. Die wollen von die Malessen von die Flüchtlinge auch nich
gerne wat wissen.
Jetzt ham wir sogar die braunen Stachos wieder in unser Ratsbeis sitzen.

Und wat ham die nerbelo Nazis mit die Masematten-Rakawehler damals makeimert? Damals in den ihren nerbelo Krieg? Die hamse alle mulo gemacht.
(…)
Jetzt heg mich mal nen Schabau, wenn ich mich dat alle so verkneispern tu, dann wird mich ganz schofel in mein Schero drin …! Jovels Münster oder schofles Münster? Dat is hier die Frage, mein Scheetz. (Prost)

Glossar:
Zerche hegen: Ahnung haben / Lorenz: Sonne / Schaller: Lehrer / Schero: Kopf / dellen: schlagen / Jannagel: Gesindel, Asoziale / Katschemme: Kneipe / Lowinchen: Bierchen / Halbkarötter: arme Menschen / piek: sauber / Pattjacken: Fremde (hier Touristen) / Penunnzen: Geld / Juffermann:

Manteltasche / Burkbeis: Arbeitsamt / Bambonum: Trubel, Lärm / Stoof: Streit, Krach / Husche: Polizei / rakawehlen: erzählen / Kotenbeis: Kindergarten / Mackes: Prügel / Schmisse: Schläge / Rochus: Wut / dollewinieren: durch den Kopf gehen lassen / Rakawehle: Sprache / Stacho: übler Kerl / Ratsbeis: Rathaus / nerbelo: blöd, verrückt / mulo: tot / Schabau: Schnaps / verkneispern: nachdenken

3. Schöne Grüße aus Mochum anne Öle!

(Was man sich im Sommer in Münster auf der Straße erzählt, wenn man nicht in den Urlaub fahren kann …)

Wat ich euch tacko schmusen wollte:
Wenne inne Bendine von Mochum anne Öle lebst, dann musste nich mehr nach Malle böschen.
Dat is so jovel ambach, da kannste dich abends anne Öle setzen und dein Lowinchen schickern.
Wenn im Sommer der Lorenz knallt gehste da plümpsen. Schwofen, Schallern oder Mucke für den Lauschers geht inne Pieselbendine auch jovel.
Und Frengeln und Picheln erst. Böscht mal inne Katschemmen am Hansaring, dat sind Katschemmen, da kannste hamel jovel Schocklamai picheln und nen toftes Karo achilen. Die Kalinen und Seegers sind da echt kurant und mucker. Ach wat rakawel ich euch, böscht da mal hin, da habt ihr alles, wat ihr zum Leben braucht.
Bis später inne Katschemme am Hansaring …

Glossar:
Mochum: Hansa-Viertel, Herz-Jesu-Viertel / Öle: Kanal / Lorenz: Sonne / plümpsen: baden / picheln: trinken / Katschemme: Kneipe, Gaststätte (hier Café) / Schocklamai: Kaffee / mucker: schlau, clever, auf Zack / kurant: hübsch, nett / rakawehlen: sagen, erzählen

An
Pinückel-Marion
Dortmunder Str. 25
48155 Klein-Wüt

www.schreibmaschinenlyrik.de

Liebe Marion!
Wenne in Wochum anne Öle lebst, dann musste nich nach Malle in Urlaub böschen... Dat is so jovel hier...

Dein Scheetz!

4. Kimmel Vogelkäfige anne Tiftel

(Was Rentner Herbert abends seinem Nachbarn „übern Gartenzaun" erzählt …)

Da fragt mich mein Enkelkoten, als wir heute Morgen aufn Schock waren und wieder nach Beis böschen wollten, wat dat denn für merkwürdige Käfige da oben anne Tiftel sind. Ich kneister an die Lamberti-Tiftel hoch und denk, Mist, hätte ich mal inne Schule besser aufgepasst, da war doch wat gewesen. Wat war dat denn noch, mit die Wiedertäufers???
Als ich noch an Nachdenken war, wollte mein Enkelkoten, die Paula, wissen, ob da bunte Geitlinge drin wohnen und ob wir da mal hochböschen können und die streicheln. Weil ihre Mama und ihr Papa ihr ja keine Matschka und keinen Keilof schenken … und dat übliche Geseiere, wenn die ihren Opa weichdellen will.
Ich denk, kauf den Koten nen Eis und dann hält dat die Lobbe, aber ich war dann doch nen bisken zu gnesig dafür.
Jovel, denk ich, wie war dat noch? Ich schmus die Paula so:
„Ach, da waren so kimmel Nerbelofreiers drin, die haben wohl Stuss makeimert."
„Wat denn für einen Stuss? Haben die wat geschort?", fragte die Paula mich.
„Nee, die ham die Leute getauft, obwohl die dat nich durften."
„So, wie der Gallach inne Tiftel? Wenn der mich dat Pani übern Schero gekippt hat?"
„Ja, aber der damals war vonne falsche Tiftel.", sag ich.
„Opa, wieso gibt dat falsche und richtige Tiftels?", fragt die mich.
Da bin ich mit Schwitzen angefangen. Dieses Ralliken, fragt mir ömmes Löcher inne Plautze!
„Ach, dat is alles Tinnef mit falsche und rich-

tige Tifteln. Da oben in Himmel gibt's nur einen Obermacker." Jovel gemasselt, dachte ich bei mich.
„Muss der Gallach, der mich getauft hat, auch in den Vogelkäfig da oben? Bin ich inne richtige oder falsche Tiftel getauft?"
So langsam hegte ich ne Genickstarre von dat Hochkneistern.
„Nein", schmus ich die Paula, „nein, nein, heute kommt da eigentlich keiner mehr rein …".
Und weil mich dann ganz plötzlich wieder wat einfiel, weißte, wat ich inne Schule gelernt hab, son Geistesblitz war dat wohl, hab ich rakawehlt:
„Und die Strigos damals, die Wiedertäufer, die glaubten, sie dürften ganz viele Alschen auf einmal haben. Also einer von die Seegers, der Jan van Leiden, der hatte so 16 bis 35 Alschen annen Start. Glaub ich gehört zu haben."
Kurze Pause und da kriegte die Paula so Runzeln auffe Stirn, wie immer, wenn die an Nachdenken is. Und dann kam's:
„Dann muss Papa da rein in den Vogelkäfig."
„Warum?" Ich zirochte schon, wat da kommt.
„Weil Mama gestern Abend, als ich inne Firche war, den angebölkt hat, dat dat bestraft werden muss, wenn ihn eine Frau nich reicht …"
Schweigen. Ich war erst mal baff. Und dann schmust mich dat muckere Ralliken:
„Einen für den Gallach, einen für Papa und wer kriegt den letzten Vogelkäfig?"
„Der ist für muckere Kotens, die ihre Opas Löcher inne Plautze fragen …". Ist mir so rausgerutscht. Modewehl, wat war die Paula an Plannigen, dat arme Animchen. Also musste ich doch noch die letzte Schuck aus meinen Juffermann suchen und dann hab ich die doch noch nen Eis gebiggt … Modewehl, modewehl …

Marion, 52 Jahre

Glossar:
Tiftel: Kirche / Schock: Markt / Matschka: Katze / Keilof: Hund / Tiftel: Kirche / Pani: Wasser / zirochen: riechen, merken / dellen: klopfen / gnesig: geizig / Nerbelofreiers: Verrückte / Stuss makeimern: Unsinn anstellen / Gallach: Pastor / Ralliken: freches Mädchen / Strigo: übler Kerl / Firche: Bett / Modewehl: oh, oh je / Schuck: eine Mark / biggen: kaufen

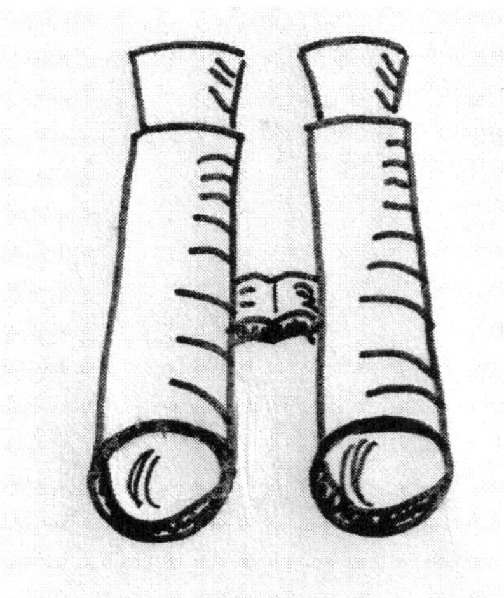

Übern Tellerrand gekneistert:
Beseibelter Jif

(Zum Gedenken an die Deportation von Juden, Sinti und Roma am 13. Dezember 1941 nach Riga)

Aus den Vierteln der Stadt

wie *Beheime,* Vieh, zusammengetrieben
stehen sie zitternd an der Ecke
und warten.
Es ist kalt, nur der Wind pfeift laut.
Schwaches milchiges Licht
fällt trostlos
aus *der Fenete* der alten *Katschemme.*
Schneeregen *meimelt* auf sie herab.
Unheilvolle Stille. *Schofle Stieke.*
Furchterstarrter Frost.
Sie frieren. Sie frieren. Sie frieren.
Sie halten einander an den *Fehmen.*
Wissend oder nicht wissend,
was die Zukunft bringt.
Sie fragen nicht,
sie wagen nicht zu fragen:

Wohin geht die Reise?
Wird es die letzte sein?
Werden wir uns wiedersehen?
War hier unsere Heimat?

Nun ist solange schon Nacht.
Schutzlos, *marole,* müde, verloren
stehen sie zusammen
in unheilbringender Verlassenheit,
ihre Augen suchen Halt,
ihre Hände klammern fester und fester.

Ist es soweit?
Die Angst ist groß, *sie hegen hamel more,*
groß wie die traurigen Augen des Kindes,
das sich am Mantel der Mutter,
der Kowe der Alsche, festhält,
weitaufgerissene Augen, die fragen:

Was passiert mit uns?
Warum wir?
Warum hilft keiner?
Warum ist es so kalt?

Es ist soweit.
Von Ferne bedrohliches Dröhnen.
Die Lastwagen.
Der Mulopenk, der Todbringer, kommt.

Sie werden sie zum Güterbahnhof bringen.
Wie *Beheime*
eingepfercht in einen Güterwaggon,
werden
105 Menschen
aus Münster
am 13.12.1941
um 10 Uhr
deportiert werden.

Jetzt beten sie, schluchzen, schreien, klagen:

Warum hast du uns verlassen?

Dann sind sie fort.
Und zurück bleibt
in frosterstarrter Stille
beseibelter Jif.

Hintergrund:
Im Jahre 1941 begannen die Deportationen in Münster und im Münsterland. In der Nacht zum 13. November 1941 wurden 105 Münsteraner an dem Lokal „Gertrudenhof" an der Warendorfer Straße zusammengetrieben. Von dort wurden sie noch in der Nacht zum Güterbahnhof gebracht. Gegen 10 Uhr am folgenden Tag verließ ein Güterzug Münster und verschleppte die Menschen in verschlossenen Güterwaggons in das Ghetto nach Riga.
Heute steht an dieser Stelle (Warendorfer Straße / Ecke Hohenzollernring) ein Mahnmal.

2. Kapitel: „Bösch plete, du Hacho!“ Grundkurs Masematte

1. Kurzinfo: Was ist Masematte?

Masematte ist eine untergegangene, alte, Geheimsprache, die in Münster gesprochen wurde.
Der Name kommt aus dem Hebräischen *masa`umatán* und bedeutet „Verhandlung / Geschäft“.
Der Wortschatz besteht zu 50 % aus dem Jüdisch-Deutschen, 20 % aus der Sprache der Sinti und Roma, 20 % aus dem Rotwelschen und der Rest aus Romanismen, Slawismen und Anglizismen.
Sie wurde ausschließlich mündlich gesprochen, als Geheimsprache beim Handel, auf Märkten, in den Straßen oder Kneipen.
Ihre Sprecher waren hauptsächlich Männer, mobile Händler, Bauhandwerker, Viehhändler, darunter viele Sinti, Roma und Juden.
Vornehmlich sprach man die Masematte in bestimmten Vierteln von Münster: Kuhviertel, Sonnenstraße, Pluggendorf, Klein-Muffi / Mochum (heute Hansa-Viertel).
Masematte entstand in der zweiten Hälfte des 19. Jahrhunderts und verlor sich mit wenigen Ausnahmen nach dem zweiten Weltkrieg und dem Holocaust.

(Quelle: Siewert 2009)

2. Lektion: Vokabeln lernen.
How to survive a Saturday afternoon in a pub in Klein-Muffi

Masematte	Deutsch
Lowine und Schabau	Rentnergedeck
Ömmes bekane!	Klarer Fall!
Tschi oser!	Nichts da!
Lau oser!	Verboten!
Tokus malokus!	Donnerwetter! Potztausend! (...)
Nix schauwe!	Nicht gut!
Mach tacko!	Mach schnell!
xxx	Entschuldigung!
Scheff bekan!	Hau ab!
xxx	Bitte!
Lau schauwe.	Nicht gut.
Bösch plete ...,	Hau ab ...,
... du Hacho!	... du Bauer!
xxx	Danke !
Wie sind die Masematten?	Was machen die Geschäfte?
Wat muckert (schmust) der Osnitz?	Wie spät ist es?
Awade, awade ...	Sicher, sicher ...
kenn ...	ja ... (bestätigend)
xxx	Guten Tag!
Kendor!	Sieh an!
Maschemau!	Oh, oh ja, ach ja
Modewehl!	Oh, oh je, ach ja
Die Achile schmort lenzig.	Das Essen schmeckt gut.
Tofter Scheetz!	Toller Kerl!
Ambrüm	Formel der Begrüßung oder Bestätigung
Tofte Laile!	Gute Nacht!
Piek Schonte	Schöne Scheiße!

3. Lektion: „Werde kochum für Mochum."
Vom Masematten-Stez (mit Figine) zum Masematten-Freier

(Was der erfahrene Student Peter, Masematten-Freier, in der Mensa seinem neuen Freund, dem Erstsemester Jonas, Masematten-Stez, vor seinem ersten Wochenende, an dem er allein in Klein-Muffi unterwegs sein wird, rät …)

Wenn de neu in Münster bist, und du böscht inne Pieselbendine von Mochum anne Öle, dann is dat ne jovle Idee, wenn de Masematte rakawehlen kannst. Wenn de an son Samstagnachmittag inne Katschemme in Klein-Muffi böschst, weil de da neue Seegers kennenlernen und nen Lowinchen schickern willst, dann musste nur von son paar Ausdrücke Zerche haben. Also „Guten Tag" und dat ganze höfliche Rumgeseiere wie „bitte", „danke" und „Auf Wiedersehen", dat brauchste nich. Dann wissen die sofort Bescheid, woher du kommst.
Wenn de einen Seegers kneisterst inne Katschemme, dann sag einfach: „Ambrüm". Genuschelt hört sich dat fast wie Türkisch an, oder? Ha, ha. Ja, ja, Masematte war immer schon multikulti! So ne richtige Melting-pott-Sprache.
Also, du stehst inne Katschemme anne Theke und dann rakawehlste den Kower, dat du nen Lowinchen willst … und, ja, am besten noch nen Schabau dabei! Dann denken die „Ömmes bekane! Dat is einer von uns." Aber lass dich kein „Urwaldmaggi" bewirchen, dat is schofler Sorrof. Da kippste gleich um … Dann müssen se dich garantiert inne Teewinde bringen.
Wenn du nen kurantes Anim kneisterst, dann sei erst mal vorsichtig.
Wenn einer zu dich schmust: „Lau oser!" dann lass die Fehmen von die.
Wenn die Seegers ambach in die Katschmme in Kneisterkasten ne Flemmerei bedibbern, dann hier ein

paar Wörter für dich, wo alle denken werden, du hast voll die Zerche vonne Flemmerei: „Abseits! Ömmes bekane!" oder „Tacko!" oder „Maschemau!" oder „Tschi oser!" oder „Modewehl, der hat nen jovlen Stiefel geflemmt." oder „Schofler Schiri!" oder „Piek Schonte!" und dann wieder von vorne…

Marion, 52 Jahre

Wenn de dein Lowinchen auf hast und nach draußen gehst, um dein Primangelo zu quarzen, ja, vielleicht steht dann da auch die Kaline von vorher. Dann schmust du die mit dein unwiderstehliches Schmergeln: „Dell mi Jack?"
Aber vermassel dat nich. Wenn die „Bösch plete, du Hacho" sagt, dann mach dat lieber. Sonst döppt dir ihr Freier die Praline.
Wenn de mit die Seegers inne Katschemme son bisken rakawehlen willst, dann fragste: „Wie sind die Masematten?", aber pass auf, dat du dat nur son Löti oder son anderen ehrlichen Mänglowierer fragst … wenn dat nen Pattenschorer oder nen Strigo is, dann glaubt der dat du ihm die Masematte machulle machen willst. Und wenn du dann hörst: „Scheff bekan!", dann wird dat auch Zeit, dat du plete böschst.
Aber wenn alles jovel masselt und dat kurante

Anim immer noch ambach ist, dann fragst du die: „Wat muckert der Osnitz?" Und dann kneisterste, ob die nen Geitling aufe Fehme hegt. Wenn nich, dann fragste: „Böschte mit inne jovle Achilen-Katschemme? Da schmort die Achile lenzig." Und wenn die dann mit dir böscht: Masselfreier! Und wenn nich? Dann bestellste dir noch nen Lowinchen und nen Schabau und dibberst weiter mit die Seegers die Flemmerei in den Kneisterkasten. Und zwischendurch schmuste immer mal, auch wenn de nix kapierst: „Awade, awade ...". Damit kannste gar nix falsch machen. Vielleicht schmust dich am Ende einer nen „toften Scheetz". Dann hat die Figine gemasselt. Hauptsache du flemmst dir nich einen in die eigene Kiste und schmust die, dat du gar keine Zerche vonne Flemmerei, de Kalinen und Masematte hegst. Dann müsstest du nur noch zwei Wörter wissen: „Tofte Laile!" - „Gute Nacht!"

Glossar:
kochum: klug / Mochum: Hansa-Viertel / benerbelt: dumm / Masematten-Stez: einer, der gerne Masematte sprechen möchte, es aber nicht kann / Figine: Betrug (hier Trick) / Masematten-Freier: Masematten-Sprecher / Klein-Muffi: Teil des Hansa-Viertels (Hansa-Schule bis Kanal) / Zerche haben: Ahnung haben / Kower: Wirt / Schabau: Schnaps / „Urwaldmaggi": Mischgetränk aus Brennspiritus und billigem Wermut / bewirchen: bekommen / Sorrof: billiger, schlechter Schnaps / Teewinde: Krankenhaus / Fehme: Hand / Kneisterkasten: Fernseher / Flemmerei: Fußball / nen jovlen Stiefel geflemmt: gut gespielt / Primangelo: Zigarette / schmergeln: grinsen / Praline: Kopf / Löti: Klemptner / Mänglowierer: Arbeiter / Pattschorer: Taschendieb / Strigo: Zuhälter / machulle machen: kaputt machen / geitling: Ring (aber auch Vogel) / masseln: glücken / einen in die eigene Kiste flemmen: ein Eigentor schießen

4. Lektion: „Hier schmort die Achile lenzig."
Achilen mit Masematte Teil 1

Marion, 52 Jahre

5. Lektion: Sprachliche Köstlichkeiten und Spezialiäten der Masematte

Typisch für die Masematte sind wiederkehrende Wortbildungen und Endungen, bei denen es sich lohnt einmal genauer hinzusehen. Eine davon sind Binnenreime.

- Gasselbassel (Ehering)
- Masselbrassel (Glück im Unglück)
- Hunkenbunken (Gesindel)
- Kuscheldimuschel (außereheliche Beziehungen)
- schorenverkalliboren (stehlen und verstecken)

Diese Binnenreime geben der Sprache einen lautmalerischen und spielerischen Charakter. Sie unterstreichen die beschönigende, aber humorvolle und leicht ironische Art und Weise, die Dinge zu benennen. Auch andere Dialekte im Westfälischen kennen dieses Muster der Wortbildung (z.B. *hassebassen* für sich sputen).
Völlig anders liegt die Funktion bei dem angehängten - *mann*.

- Obermann (Hut)
- Bossmann (Hose)
- Juffermann (Jacke)
- Krückmann (Handstock)
- Zulemann (Nagel)
- Huschmann (Polizist)

Hier werden der handwerkliche Aspekt und der praktische Nutzen unterstrichen. Frei nach dem Motto: Selbst ist der Mann!

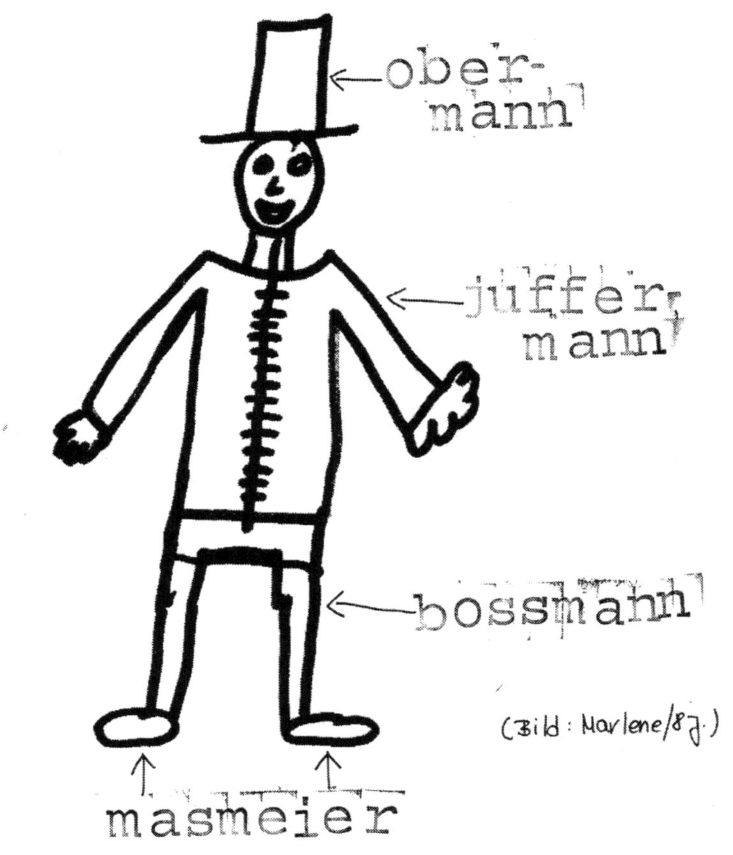

Marlene, 8 Jahre

Auch der -meier (siehe Abb. oben) ist eine beliebte Endung. Ähnlich wie bei den Wörtern mit -mann sind Dinge des täglichen Lebens gemeint, die anscheinend den Hausnamen „Meier" brauchen, um ihre Bedeutung zu untermalen.

- Masmeier (Schuhe)
- Obermeier (Arbeitsjacke)
- Untermeier (Unterhemd)
- Schontemeier (einer, der grad auf dem Klo war …)

Richtig verspielt klingt es, wenn die Masemattensprecher ein -ino angehängt haben. Vermutlich handelt es sich hier um eine Endung, die aus dem Romanischen stammt. Diese Verniedlichung zeigt, wie auf durch Verkleinerungen Ironie erzeugt wird.

- jovelino (bestens)
- Monte Scherbelino (Müllhalde)

Den slawischen Einflüssen ist die Endung -ka zu verdanken.

- Matschka (Katze)
- Ponumka (Gesicht)

Sehr interessant sind die Ausdrücke mit *-us*, die Lateinisch anmuten. Körperteile, Alltagsgegenstände oder Gefühle werden dadurch in ihrer „raumeinnehmenden Wichtigkeit" überzogen und gleichzeitig karrikiert. Sie bekommen, ähnlich wie medizinisches Vokabular einen „ironisch-wissenschaftlichen" Anstrich.

- Tokus (Hintern)
- Brokus (Streit, Ärger)
- Rochus (Wut)
- Zomus (Knochen, Bein)
- Brochus (Schlafdecke)

(Quelle: Siewert 2009)

6. Lektion: „Achilenfleppe“
Achilen mit Masematte Teil 2

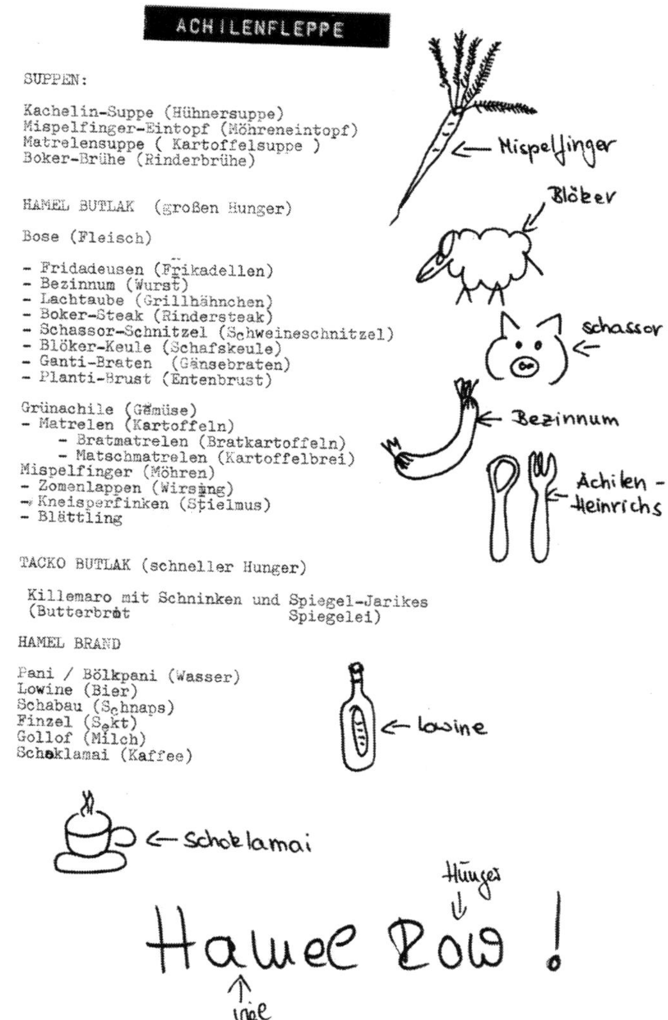

ACHILENFLEPPE

SUPPEN:

Kachelin-Suppe (Hühnersuppe)
Mispelfinger-Eintopf (Möhreneintopf)
Matrelensuppe (Kartoffelsuppe)
Boker-Brühe (Rinderbrühe)

HAMEL BUTLAK (großen Hunger)

Bose (Fleisch)

- Fridadeusen (Frikadellen)
- Bezinnum (Wurst)
- Lachtaube (Grillhähnchen)
- Boker-Steak (Rindersteak)
- Schassor-Schnitzel (Schweineschnitzel)
- Blöker-Keule (Schafskeule)
- Ganti-Braten (Gänsebraten)
- Planti-Brust (Entenbrust)

Grünachile (Gemüse)
- Matrelen (Kartoffeln)
  - Bratmatrelen (Bratkartoffeln)
  - Matschmatrelen (Kartoffelbrei)

Mispelfinger (Möhren)
- Zomenlappen (Wirsing)
- Kneisperfinken (Stielmus)
- Blättling

TACKO BUTLAK (schneller Hunger)

Killemaro mit Schninken und Spiegel-Jarikes
(Butterbrot Spiegelei)

HAMEL BRAND

Pani / Bölkpani (Wasser)
Lowine (Bier)
Schabau (Schnaps)
Finzel (Sekt)
Gollof (Milch)
Schoklamai (Kaffee)

Marion, 52 Jahre

7. Lektion: „Nen jovlen Rees drauf haben!" Raten mit Redensarten und Ausdrucksweisen

Olf schofeles Jarriken vermasselt die ganze Achile.
(Ein schlechtes Ei verdirbt das ganze Essen.)

Die Achile schmort lenzig.
(Das Essen schmeckt gut.)

Besser son Kachelin inne Fehme als son schummen Geier aufm Beis.
(Besser so ein Hühnchen in der Hand als einen dicken Geier auf dem Haus.)

Die Matrelen sind am toftesten, wenn se durchs Schassörken gepeselt sind.
(Die Kartoffeln sind am besten, wenn sie durch's Schwein gegangen sind.)

Die letzten Balachesen ausse Patte gelellt.
(Das letzte Geld aus der Tasche geholt.)

Die Mänglowation muss ich mir noch richtig dollewinieren.
(Die Sache muss ich mir durch den Kopf gehen lassen.)

Jeder ist der Makeimer von sein Massel.
(Jeder ist der Macher von seinem Glück.)

Wer lau nen toften Schautermann, den makeim ich den Schero.
(Willst du nicht mein Bruder sein, dann hau ich dir den Schädel ein.)

Wes Maro ich alchile, des Rees ich schallere.
(Wes Brot ich ess, des Lied ich sing.)

Maschminus maschemau!
(Donnerwetter!)

Stikum malikum!
(Heimlich, still und leise …)

Kochum für Mochum …
(Klug genug für Mochum …)

Ohne hamel Maloche, lau lone.
(Ohne viel Arbeit, nichts los.)

Massel am Brochum
(Glück gehabt.)

Mies ausse Kowe reunen.
(Schlecht aus der Wäsche gucken.)

Hamel schucker ausse Kowe reunen.
(Gut aus der Wäsche gucken.)

Ne miese lobbe ziehen.
(Ein böses Gesicht machen.)

Der Tralli is schon plete.
(Der Zug ist abgefahren.)

Beseibeler: Einer der einen mit lauem Schmus besoffen macht.
(… jemand, der einem Honig um's Maul schmieren will.)

Es ist jovler, inne Piesel zu sitzen und anne Tiftel zu denken, inne Tiftel zu sitzen und anne Piesel zu denken.
(Es ist besser, in einer Kneipe zu sitzen und an die Kirche zu denken, als in der Kirche zu sitzen und an die Kneipe zu denken.)

Besser ein Kower als inne Tiftel, als nen Gallach inne Katschemme.
(Es ist besser, wenn ein Wirt in die Kirche, als dass ein Priester in die Kneipe geht.)

Jovel und toft …
(Schön und gut …)

Einen Tuck auf jemanden hegen.
(Jemanden auf dem Kieker haben.)

Jovel is bes mal so tofte wie ömmes und ömmes ist schon hamel jovel.
(Gut ist zweimal so gut, wie „großartig" und „großartig" ist schon sehr gut.)

Nen jovlen Rees drauf haben.
(… ein Sprücheklopfer sein.)

(Quelle: Siewert 2009)

8. Lektion: Jiddisch, die Großtante der Masematte

Betrachtet man die Masematte von außen, so sieht man einige Parallelen zum Jiddischen. Ein Grund, um genauer zu fragen, was das „Jiddisch" bedeutet. Das Jiddische ist eine sehr alte Sprache, die Anfang des Mittelalters in Deutschland entstand und von Juden gesprochen wurde. Das Jiddische war eine Alltagssprache, in der man sich unterhielt, während das Hebräische dem religiösen Leben vorbehalten war. Diese Sprache entstand im Kölner Raum und war zu 80 % von hebräischen Ausdrücken geprägt. Die anderen Begriffe kommen aus dem Mittelhochdeutschen und dessen Dialekten. Jiddisch hat, im Gegensatz zur Masematte, die nur eine gesprochene „Teilsprache" ist, eine eigene Entwicklung in Wortbildung, Grammatik und Semantik erfahren und wird in hebräischen Buchstaben von rechts nach links geschrieben.
Das Jiddische hat, verbunden mit dem Leben der Juden in Europa, eine wechselvolle Geschichte, die geprägt ist von Emigration, Neuanfang und Veränderung. Viele Juden zog es nach dem 13. Jahrhundert aufgrund der schlechten Bedingungen nach Osteuropa. Nach dem ersten Weltkrieg und dem Holocaust suchten viele das Exil in den USA oder in Israel, nach der Gründung des Staates 1948. Das Jiddische konnte sich an diesen Orten nur wenig bis gar nicht durchsetzen. Das ist schade, denn es ist eine Sprache, die viele sprachlich-kulturelle Schätze hervorgebracht hat. Das „National Yiddisch Book Center" (www.yiddishbookcenter.org) in Amherst, Massachusetts, USA, hat über eine Million gebrauchter jiddischer Bücher gesammelt und wieder für Interessenten verfügbar gemacht.
Ähnlich wie die Masematte, ist das Jiddische eine sehr lebendige Sprache, nah am Alltag der Menschen, mit viel Witz und Humor, Ironie und gleichwohl voller Wärme und entlarvendem Men-

schenverstand. So wie die Masematte ist sie auch eine Sprache, die eng mit dem täglichen Leben verbunden ist, mit ihren Routinen, aber auch den typischen Nöten. Miriam Weinstein formuliert es in ihrem Buch *„Jiddisch, eine Reise um die Welt"*, folgendermaßen: *„Sie (die Jiddische Sprache, Anm. des Verf.) geht auf, süß und leicht wie ein Neujahrs-Honigkuchen, führt tausend Jahre ein pulsierendes Leben. Sie verbindet das Volk, das sie spricht, mit seiner erhabenen Vergangenheit. Sie besitzt den höchsten Sinn für Humor, unfähig, einem virtuosen Witz sogar in der Verwünschung zu widerstehen. (Du sollst zu einer blinze werden und dein Feinz zu einer Katze, und sie soll dich auffressen und an dir ersticken, dann sind wir euch beide los.)"* (S. 21).

Parallel zur Masematte, hatte die Umwelt den Sprechenden gegenüber ihre Vorbehalte. Eine Sprache, die dazu dient, sich abzugrenzen wird mit Argwohn betrachtet. Eine Tatsache, die den Sprechern und Sprecherinnen beider Sprachen letztendlich durch die grausame Vernichtung im Nationalsozialismus „das Leben" kostete.

Masematte und Jiddisch haben dort Spuren hinterlassen, wo sie gesprochen wurden. Sei es in den USA, in Deutschland (z.B. Zocker, Massel oder Maloche), im heutigen Israel und eben auch hier in Münster.

Wenn man an das Jiddische wie an die Masematte erinnert, bedeutet es mehr als mit melancholischer Wehmut ein bisschen folkloristisches Flair zu verbreiten. Es ist eine wichtige und verantwortungsvolle Aufgabe, um an das, was durch die größten Fehler der Geschichte passierte, zu erinnern.

Allen, die sich mit dem Jiddischen beschäftigen wollen, sei Leo Rostens Wörterbuch „Jiddisch" zu empfehlen. Er erklärt Wörter anhand von Anekdoten oder Witzen, was diese Sprache in sehr anschaulicher Form wieder lebendig werden lässt.

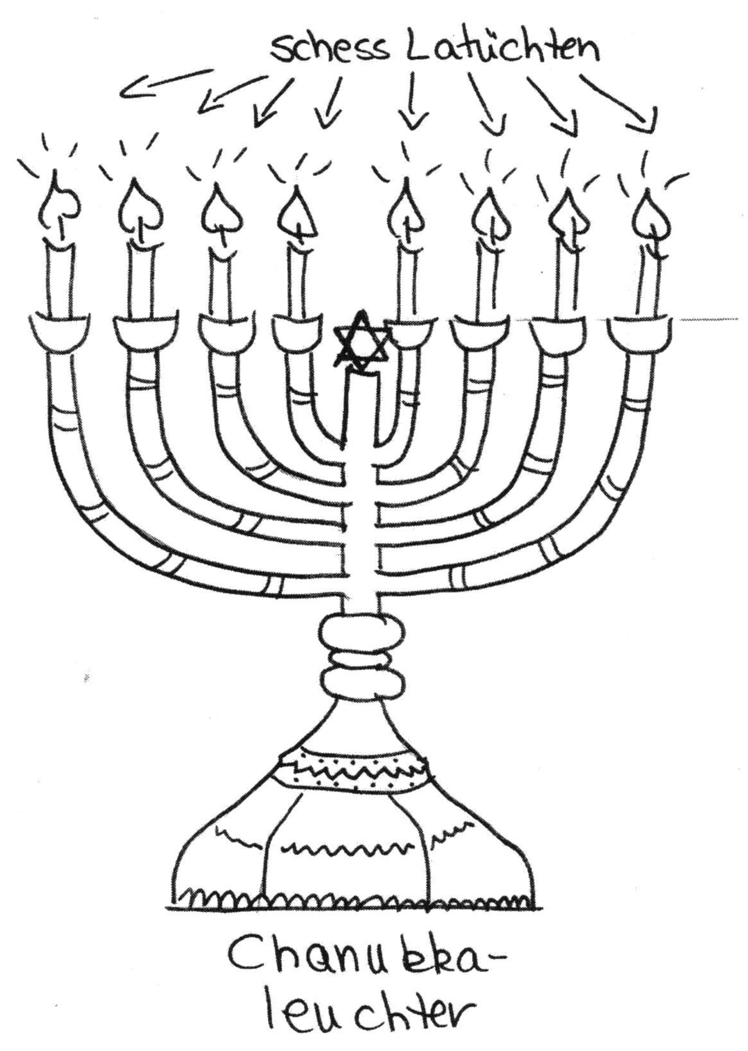

Marion, 52 Jahre

(Quelle: Weinstein 2003)
(Quelle: Rosten 2008)

9. Lektion „Tiere aufm Chalobeis"
Masematte für Kotens

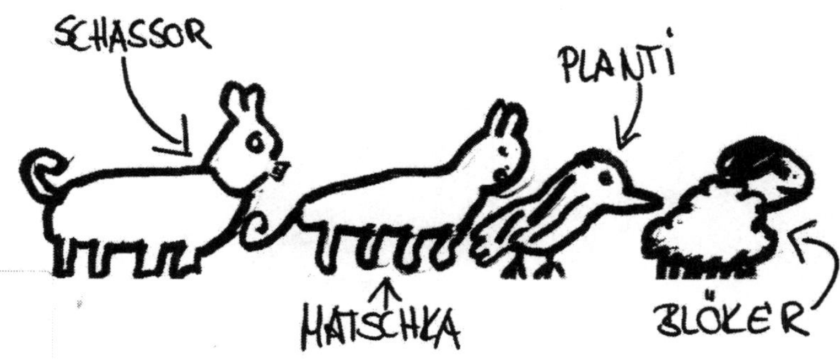

Marlene, 8 Jahre

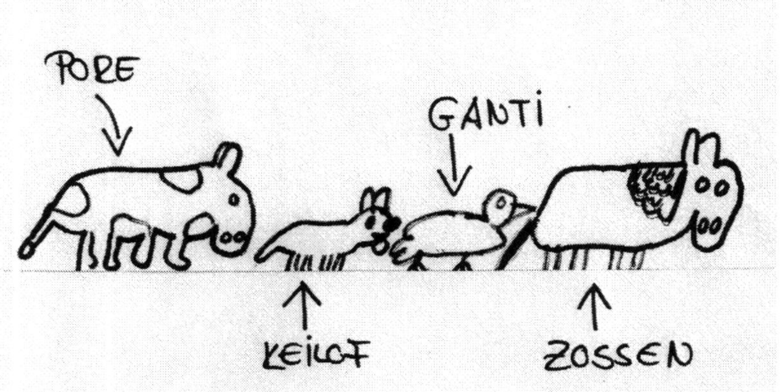

Marlene, 8 Jahre

Glossar:
Chalobeis: Bauernhof

Übern Tellerrand gekneistert:

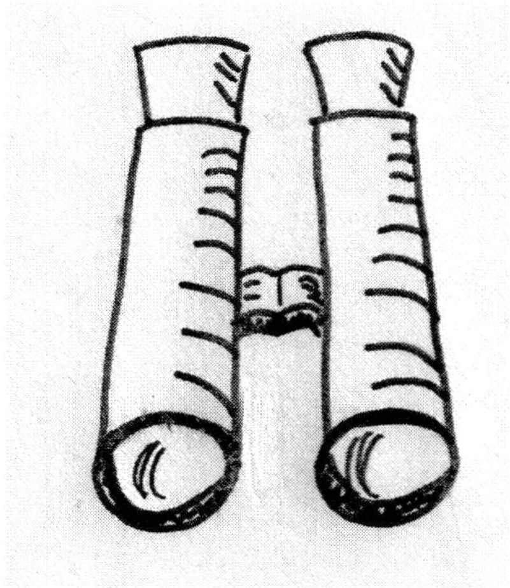

Rätselhafte Masematte

(Was sich Autorin dieses Buches während der Beschäftigung mit der Masematte fragte und wie sie eine Antwort fand …)

Immer wieder bei meiner Arbeit an diesem Manuskript stieß ich auf Begriffe, die mir aus meiner plattdeutsch geprägten Kindheit sehr bekannt vorkamen. Das konnte doch nicht sein, dass das Platt meiner Eltern, inzwischen 90 und 84 Jahre alt, einzelne Masemattewörter beinhaltet? Mein Vater ist in Borghorst geboren, meine Mutter in Westbevern. Beides in guter Entfernung zu Münster.
„Das ist eine alte *Jaschke*!“, das ist so ein Ausdruck. Eine *Jaschke* zu sein, war so ziemlich das Schlimmste in meiner Kindheit, was einem Mädchen passieren konnte. Gosse, Drogen, Prostitution waren in meiner Fantasie die geringsten Übel. Deswegen war eines der schlimmsten Urteile meiner Mutter: „Die sieht aus wie eine *Jaschke*!“ *Modewehl!*
Zuerst vermutete ich, dass mein Vater, der vor dem

Krieg eine Lehre als Schuhmacher gemachte hatte, bei seinem Handwerk Ausdrücke aus dieser Sprache lernte, denn Masemattesprecher waren ja häufig kleine Handwerker und gehörten zum sogenannten fahrenden Volk. Sie trieben in Münster und Umgebung ihren Handel, machten ihre *Masematten.*
Aber Fehlanzeige. „Dat kenn ik nich! Masematte? Häw ik nienich hiäört!" Diese Spur führte ins Leere. Aber woher kam die Verbindung meiner Eltern zur Masematte?
Dass das Plattdeutsche die Masematte beeinflusst hat ist ja klar, ömmes bekane, klarer Fall. Einige Ausdrücke sind identisch, wenn auch leicht abgewandelt. Zum Beispiel das *Kümmpken* für eine henkellose grosse Tasse. Müslischale würde man heute einfach sagen. Hat womöglich die Masematte den umgekehrten Weg gewählt und im Münsterland mehr im plattdeutschen Sprachgebrauch Einzug gehalten?

Meine Urgroßeltern mit der Leeze inne Bendine von Münster an Jucheln

Ich sprach mit meiner Mutter darüber, die in Westbevern, ungefähr 12 km östlich von Münster ihre Kindheit und Jugend verbrachte. Sie wurde dort aufgrund der Kriegswirren von ihren Großeltern auf einem kleinen Bauernhof großgezogen. Sie lachte nur, als ich ihr von meinem Rätsel erzählte. Für sie war die Sache klar wie klare Kloßbrühe!
„Das kommt von *meiner* Oma," rief sie. Die peselte nämlich regelmäßig mit der *Leeze* nach Münster, um Eier, Fleisch, Honig und sonstige Erzeugnisse von ihrem Hof auf dem Markt zu verkaufen. Sie brachte nicht nur das nötige Kleingeld zum Überleben mit nach Hause, sondern allerlei „witzige" (man höre!) Ausdrücke, die sie bei ihrem Handel gelernt hätte. Das waren Wörter aus der Masematte!!!
Mein Rätsel ist gelöst.

3. Kapitel: „Vom Kotenswuddi bis zum Peigelscharrett". Mit Masematte durchs Leben

1. Ansprache für den Gasselmann zur Hochzeit

(Was der Nachbar Kalle zu sagen hat, als der den Bräutigam morgens am Hochzeitstag sieht …)

Maschemau, wat kneistern meine Döppen? Gestern warste noch nen Koten, der inne Bräseplinte gemeimelt hat und nu stehste hier, du Fitzkajöner, und reunst sowat von schucker ausse Kowe in deinen Edelzwirn, dat ich dich nicht wiederkennen tu. Vor ein paar Wochen warste noch der hamelste Hallasvogel von Muffi un jetzt so ein feiner Gasselfreier. Und deine Maßmeier sind an Glänzen, Hauptsache die drücken dich nich an dein Zomerling … Maschemau! Da fang *ich* ja gleich an Plannigen an …. Wat soll denn erst deine Schwiegeralsche machen, wenn die dich in Murmelschuppen ankneistern tut ….
Hegste den Gasselbassel? Haste den gebiggt oder geschort? Ha, ha! Ach, egal ….
Du willst nu ömmes dat muckere Animchen gasseln. Möge dir dat jovel masseln mit der.
Du bis nen toften Seegers, dat kann ich dich schmusen. Und deine Kalle erst! Dat war immer schon

nen kurantes Anim und in ihren weißen Glitzerfummel is die ein toller Feger. Herzlichen Glückwunsch zu der Kaline! (Und dat du oser Brassel mit die bewirchst, und dat dat nich son Zirachenanim wird wie meine Alsche dat is, dat wünsch ich dich auch.)
Auf dat der Gallach im Murmelschuppen euch dat mit den Gasseln tacko verkasematuckelt, dat ihr tacko euer Fitzebumm in den jovlen Jubelschuppen makeimern könnt.
Jovel Row bei der Hochzeitsachile und dat die Mischpoke nich zuviel frengelt und pichelt, dat du als Gasselmann nich hamel blechen muss. Hamel Jontev beim Schwofen, Picheln und Schallern. Mögen Schabau, Finzel und Lowine nich abmeiern. Und dat ihr mir auch hamel an Ömmeln seid.
Also, wat ich dich für dein Leben wünschen tu?
Dat schmus ich dich gerne:
Jovel Massel und Lenz inne Poofe, bis ihr beide mitm Peigelscharett aufe Magulenwiese juchelt.
Maschemau!
Und denkt dran: immer hamel schucker ausse Kowe reunen!
Bis später im Murmelschuppen, mein Scheetz …

Glossar:
Gasselmann: Bräutigam / Bräseplinte: Windel / Fitzkajöner: Luftikus / Schucker ausse kowe reunen: gut aus der Wäsche gucken / Hallasvogel: Draufgänger / Klein-Muffi: Herz-Jesu-Viertel / Gasselfreier: Bräutigam / Maßmeier: Sonntagsschuhe / Zomerling: Zehe / plannigen: weinen / Alsche: Frau, Mutter / Murmelschuppen: Kirche / ankneistern: anschauen, sehen / Gasselbassel: Ehering / bicken: kaufen / mucker: clever / Animchen: Mädchen / gasseln: heiraten / jovel masseln: glücken / toften Seegers: guter Kerl
Kalle: Braut / Anim: Mädchen /
weißer Glitzerfummel: hier: Brautkleid / oser Brassel bewirchen: wenig Ärger haben/ Zirachen-

anim: Drachen / Gallach: Priester / verkasematuckeln: erklären / tacko: schnell / Fitzebumm: Fest / Jubelschuppen: Festsaal / jovel Row: Guten Hunger / Achile: Essen / hamel jontev: viel Spaß / schallern: singen / Schabau: Schnaps / Finzel: Sekt / Lowine: Bier / abmeiern: zu Ende gehen / ömmeln: lachen / Poofe: Bett / Peigelscharett: Leichenwagen
Magulenwiese: Friedhof / jucheln: spazierenfahren

Marion, 52 Jahre

2. Alles jovelino? (zur Geburt)

(Was der Rentner Herbert, dem frischgebackenen jungen Vater mit auf den Weg geben möchte …)

Dat is ja echt tofte, dat du nu nen Koten hast. Herzlichen Glückwunsch auch. Und hamel Jontev in dein Beis.
Erst war deine Alsche nen jovlen Feger,
später ne kurante Kalle und dann wurde se pattisch, die Wampe von ihr wurd schummer und schummer …
Un du has nu nen bölkenden Koten in dein Kabuff, maschemau, der Tag und Nacht an Plannigen is un inne Bräseplinte miegt.
Wenn der nich grad am Körning von deiner Alsche am schickern is, musste dem die Schonte vom Tokus kratzen.
Jovel, ne? Dat hätteste dich früher verdollewinieren lassen sollen.
Jau, un wenn du dich nich in Acht nehmen tust, hasste verkimmelt bei dein kurantes Anim. Nu kannste ömmes kein Laumalocher und kein Ischenpoussierer mehr sein.
Die Koterei in dein Beis wird größer und dat Schickermoos weniger.
Hoffen wir mal, dat aus dein Beisdrachen kein Zirachenanim wird und unser Obermacker von damals nich kaduck untern Lallipatten steht.
Na, denn, hoch die Finne.
Morgen kommen wir zum „Kotens-Miegen-Lassen".
Stell den Schabau und die Lowine schon mal kalt.
Alles jovelino!?

alles jovelino?

Glossar:

alles jovelino: Alles bestens? / hamel Jontev: viel Freude / Alsche: Frau / kurant: hübsch / Kallle: Braut

pattisch: schwanger / schummer: dicker

bölken: schreien / plannigen: weinen / Bräseplinte: Windel / miegen: pinkeln / Körning: Brust / Schonte: Scheiße / Tokus: Hintern / verkimmeln: verlieren /

ömmes: tatsächlich / Laumalocher: Faulenzer / Ischenpoussierer: Weiberheld / Koterei: Kinderschar / Schickermoos: Geld zum Vertrinken / Beisdrachen: Hausfrau / Zirochenanim: Drachen / Obermacker: Chef / kaduck: klein / Lallipatten: Pantoffel / „Kotens-miegen-lassen": Kindchen pinkeln lassen / Schabau: Schnaps / Lowine: Bier

3. Kein Fitzebumm ohne schofle Mackelei (zur Taufe)

(Was die liebe Tante Gilla der jungen Familie zur Taufe wünscht …)

Wenn der Gallach der Blage im Murmelschuppen dat heilige Pani übern Schero kippt und ihr nen kurantes Fitzebumm makeimert, dann hoffe ich, dat sich eure Mischpoke mal trifft, ohne dat dat gleich wieder hamel Zoff und ne schovle Mackelei gibt.
Tut ihr mal jovel frengeln und picheln, aber dat mir keiner wat übern Brand schickert, dat gehört sich auf son Kotensfitzebumm nich.
Eure Blage soll ma nen tofter Seegers oder ne tofte Kaline werden, und nich son Stacho und Figinenköster wie sein Opa, die alte Zitterfeme, der ömmes mehr in Schemmbeis bei Beis war als bei euch.
Naja, patronallt da mal jovel für die Blage im Murmelschuppen und krajöhlt mit Schmackes: „Hamel Obermacker, wir loben dich …", dat der Herrgott im Himmel seine Lauschers anschaltet und eure Mischpoke und eure tiknoe Blage segnet.
Nötig habt ihr dat! Allesamt! Ömmes!
Toftes Kotensfitzebumm!

Marion, 52 Jahre

Glossar:
Gallach: Priester / Pani: Wasser / Schero: Kopf / kurant: schön / Fitzebumm: Fest / Mackelei: Prügelei / Brand: Durst / Stacho: übler Kerl / Figinenköster: Betrüger / Zitterfehme: Dattergreis / Schemmbeis: Gefängnis / bei Beis sein: zu Hause sein / patronallen: beten / krajöhlt: schreien, laut singen /
Obermacker: Chef (hier Gott) / tickno: klein / ömmes: tatsächlich

4. Geburtstagsfitzebumm (zum Schallern!)

Ob es heute an Meimeln is
und du dabei marole bis
oder ob der Lorenz knallert
und der Geitling dazu im Baum losschallert,
wir peseln zu dein Beis
und dellen dir die Paze ein!!!
Wir frengeln uns die Fridadeusen rein
und schickern uns tofte ein'n,
(bis der Schmarrer anböschen muss …).
Wir wünschen unsern toften Masselfreier
hamel Fez bei sein Geburtstagsfitzebumm.
Du bis ömmes nen jovler Scheetz.
Bis denne, stell die Lowine und den Schabau kalt!

Glossar:
marole: müde / Lorenz: Sonne / Geitling: Vogel / dellen: schlagen / Paze: Tür / Fridadeusen: Frikadellen / Schmarrer: Arzt / Masselfreier: Glückspilz / Fez: Spaß / Fitzebumm: Fest / ömmes: echt / Scheetz: sehr guter Freund / Lowine: Bier / Schabau: Schnaps

Marion, 52 Jahre

5. Dieser Seegers war hamel ambach!
(zur Beerdigung)

(Was Klaus in einer Grabrede über (und zu!) seinen verstorbenen Schrebergartenfreund Leo sagt …)

Dat steht jetzt auf dein Grabbackmann.
Jetzt hat der Mulopenk dat ömmes geschafft, dich auf'n Machullenkamp zu bringen. Du poofst im Kolani und wir sind hamel an Plannigen.
Du wirst keine Matrelen mehr verkalliboren, die letzte Flemmerei hasste verkimmelt, bist tacko in den Himmel geböscht.

… hoffentlich hegt ihr da oben immer ne Fluppe und nen Lowinchen. Und wenn du mit den Petrus an Quarzen und Picheln bist, dann schmus den mal, dat der dat mehr meimeln lassen soll, wegen de Grünachile im Garten, weiß Bescheid?
(Und noch eins, wenn ich diesen Herbst, anstatt du, ömmes die schummersten Matrelen heg, dann bösch ich zu Weihnachten vielleicht auch mal wieder inne Tiftel. Schmus den Obermacker da oben dat mal!)

Du warst ömmes nen toften Seegers, wir vermissen dich hamel,
bis später.

Glossar:
Seegers: Kerl / hamel ambach sein: mit dem war schwer was los / Backmann: Stein
Mulopenk: Tod, Sensemann / Machullenkamp: Friedhof / poofen: schlafen / Kolani: Sarg / plannigen: weinen / Matrelen: Kartoffeln / verkalliboren: verstecken (hier im Sinne von „pflanzen") / Flemmerei: Fußballspiel (hier Kampf) / verkimmelt: verloren / grünachile: Gemüse / schummer: dick
Tiftel: Kirche / Obermacker: Chef (hier: Gott)
Anm. der Verfasserin: „ticknoe Backmänner" auf der Abbildung; nach jüdischem Brauch legen die Besucher eines Grabes kleine Kieselsteine auf den Grabstein.

Übern Tellerrand gekneistert:

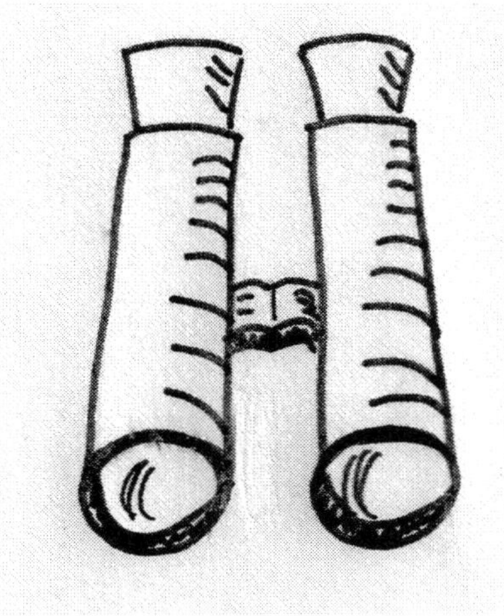

Jeder ist der Makeimer von sein Massel

(Was Busfahrer Klaus, Vater von drei erwachsenen Kindern, so denkt, wenn er allein an seinem Häuschen auf der Bank in der Sonne sitzt …)

Wenn ich mich so an alles Dollewinieren bin, also, wenn ich mal mit mein Lowinchen an Sitzen bin auf de Bank vor mein Beisken, so für mich alleine, dann verkneisper ich mein Leben und dann denk ich so bei mich:
Bin ich ömmes der Makeimer von mein Massel?
Oder bin ich eher der Löti von den Brassel von meine Mischpoke?
Ich bin der Speismakeimer von dat Beis von meine Blagen und Schwiegerblagen. Da heg ich ömmes Zerche von.
Ich bin der Fahrer von meiner Alschen, wenn ich die mit mein Wuddi zum Schmarrer bringen muss, und da muss die oft hin.
Wann soll ich denn noch Zeit hegen für dat Makeimern von mein Massel?
Ich bin an Wullachen und Wullachen und wenn ich vonne Maloche komme, dann steh ich im Garten und verkallibore die Matrelen, damit die Mischpoke wat zu frengeln hat. Dat Lowi reicht nie aus. Die Patte is immer schon am Dritten im Monat leer. Und für lau masum hegste nix. Von dat Arm-Sein, davon heg ich Zerche, aber nich von den Massel.
Ich glaube, ich bin nur ein Klünt, ein ticknoer Malocher, der keinen Dibberdaumen hat.
Aber Hauptsache, dat Lowinchen schmeckt. Und der Schabau. Die Finne hab ich in meine Schasklamöne verkallibort. Ich schmetter mir jetzt tacko noch einen. Gleich is meine Alsche vom Biggen wieder ambach. Und wenn die reunt, dat ich hier an Sitzen und an Picheln und Dollewinieren bin, dann wird die hamel brastig. Dann hege ich mehr Brassel als Massel in mein Beis, ohne dat ich dafür wat makeimern tu ...

Glossar:
Makeimer: Macher / Lowinchen: Bierchen /
Beisken: Häuschen / verkneispern: gedanklich verarbeiten / Löti: Klempner
Zerche hegen: Ahnung haben von / Speismakeimer: Maurer / Alsche: Frau

Wuddi: Wagen / Schmarrer: Arzt / hegen: haben / verkalliboren: verstecken (hier pflanzen) / wullachen: schwer arbeiten / Matrelen: Kartoffeln / Lowi: Geld / lau masum: umsonst / Klünt: kleiner Handwerker / tickno: klein / Dibberdaumen haben: durch Zufall Glück haben / Schabau: Schnaps / Finne: Flasche / Schasklamöne: Werkzeugtasche / schmettern: Schnaps trinken / bicken: einkaufen / ambach sein: da sein / reunen: sehen / dollewinieren: sich etwas durch den Kopf gehen lassen / brastig: ärgerlich / Brassel: Ärger

4. Kapitel: „Der Molupenk, der kann uns mal am Tokus malochen!“ Märchen auf Masematte

1. Die „Knapp-vor-Münster-gebliebenen-Schallermänner“ (Die Bremer Stadtmusikanten)

(Opa Herbert erzählt seinen Enkelkindern ein Märchen …)

Es war mal ein Magaratz. Den hat sein Knäbbel verkonsemaknispelt, dat seine Maloche nich mehr ambach is. Weil nämlich den gnesigen Knäbbel dat Futter zu jackes war. Da hat der Magaratz hamel More gehegt, dat er zum Katzow müsste und is tacko plete geböscht. Da dachte er so bei sich bei, dat er sich seine Karos mit Schallern in Münster verdienen könnte.
Unterwegs traf er son tofelen Keilof. Der hatte die gleichen Malessen. Der Keilof war immer marole und gigger und sein Obermacker wollte den schon mulo dellen. Der Magaratz schmuste den, dat er mitböschen könnte, nach Münster. Da sollte der dann als Schallermann die Pauke dellen. Also böschte der Keilof mit nach Münster.
(Und dann war da noch son Viech. Wat war dat noch?)
Ach genau, die Matschka. Die war auch tofel und konnte keine Mäuse mehr kappen. Der Magrartz fragte die, warum die son ne schofle Lobbe hegt, und da rakawehlte die denen: „Wer kann jovlen Lenz hegen, wenn es einem an den Kragen geht? Meine Heiers sind stumpf und ich poof am liebsten hinterm Ofen. Meine Alsche wollte mich im Pani mulo machen, da bin ich tacko plete geböscht.“
Der Magaratz schmuste die, dat sie auch mitböschen soll, weil se so jovle Nachtmusik makeimern kann.

(Weiß Bescheid? Nachtmusik, ne Matschka!!!!! Mir fallen die Lauschers ab …)
Also sind die kimmel Tippeljöner die Strehle nach Münster weitergepeselt bis se an son Chalobeis son Baschloh getroffen haben. Maschemau! Der war vielleicht an Krajöhlen. Und? Wieder dat gleiche Elend. Den wollte seine Knäbbelalsche noch an den selben Abend den Schero abhacken und dann wollten die den am nächsten Tag inne Suppe frengeln. Der Magaratz schmuste den, dat er wat Besseres als den Mulo überall findet. (Dat finde ich übrigens auch, wenn ihr mich fragt, dat is nen ganz kochumer Satz, den verdollewiniert ihr euch mal jovel in euren Schero!!!)
Und der Baschloh, ihr könnt euch dat schon denken, sollte mal mitböschen, nach Münster, auch als Schallermann. Jetzt waren dat schon dollar Tippeljöner.
(Und jetzt wird dat spannend, macht eure Lauschers auf!)
Die Nacht kam und die wurden ganz marole. Kein Wunder von dat Böschen und Jibbeln, wat die gemacht haben. Bis nach Münster war dat noch weit. Die wollten im Wald platte machen, der Baschloh saß schon ganz oben aufn Baum. Da hat der von da oben son ne ticknoe Latüchte von son ne Kabache inne Ferne gesehen, und da sind die dollar Tippeljöner tacko hingeböscht. Aber als die dat Beis gekneistert haben, wurde denen klar, dat da drinne Gannefen und Schorbrüders an Frengeln und Picheln waren. Und weil die dollar Schallermänner hamel Row und Brand hegten, wollten die ömmes da rein.
(Und jetzt kommts, haltet euch fest): Der Keilof auf den Rücken von den Magaratz drauf. Die Matschka auf den Rücken von den Keilof drauf und der Baschloh nach ganz oben. Und dann, maschemau, allemann rein in die Fenete, dat die Scherben nur flogen, und rumkrajöhlt wie die Nerbelos. Die Schorbrüders hegten hamel More und sind tacko aus den Beis raus und plete geböscht.

Marlene, 8 Jahre

Da ham die dollar Schallermänner in die Kabache erst mal jovel gefrengelt und gepichelt, als ob die dollar Wochen Row hegen müssten. Dann wollten die poofen. (Ist ja klar, wenn die Wampe voll ist und du dir ordentlich einen angeschickert hast.) Jeder suchte sich ein toftes Plätzchen und dann machten die die Latüchte aus.
Aber einer von die Stachos, der wollte dat nich wahrhaben und is nochmal stikum in dat dunkle Beis zurückgeböscht.
Und als der die Döppen von der Matschka glühen

sah und die ihn inne Lobbe gesprungen is, und der Keilof ihn in sein Zomen gebissen hat und er von den Magartz noch gedellt wurde, hat ihn der Baschloh noch ordentlich einen krajöhlt. Da war der ganz tacko weg. Und rakawehlte seinen Gannefenobermacker wat von son Zirachenanim oder Gespenst oder Ungeheuer (… die Lusche. Aber, alles Figine, dat wissen wir ja …)

Tja, also die dollar Schallermänner sind dann in dat Beis geblieben und ham sich dat ambach jovel masseln lassen. Anne Paze ham die dranschreiben lassen: „Der Mulopenk, der kann uns mal am Tokus malochen."
Und die sind nicht mehr nach Münster geböscht.
Ich vermute, die Kabache war irgendwo inne Bendine von Freckenhorst.
Wat hegen wir Massel, dat die dollar Schallermänner bei uns nich auffe Nobelstrehle am Rumjibbeln sind. Da kneistern meine Döppens schon genug Tinnef …

(Quelle: Brüder Grimm 1999)

Glossar:
Magaratz: Esel / Knäbbel: Bauer / verkonsemaknispeln: deutlich machen / gnesig: geizig / jackes: teuer / Katzow: Metzger / tofel: alt / Keilof: Hund / gigger: langsam / Matschka: Katze / Lobbe: Gesicht / Heiers: Zähne / kimmel: drei / Baschloh: Hahn / Tippeljöner: Landstreicher / Chalobeis: Bauernhof / verdollewinieren: nachdenken / dollar: vier / jibbeln: quäkend musizieren / platte machen: draußen übernachten / Gannefen, Schorbrüder: Diebe / Zirachenanim: Ungeheuer / Mulopenk

2. „Man kneistert sich immer bes mal im Leben": Der schofle Juchelo und die söjen Issen-Kotens (Der Wolf und die sieben Geißlein)

(Opa Herbert erzählt - nach einem aufregenden Nachmittag auf dem Fußballplatz - ein Märchen … und verhaspelt sich ein wenig …)

Da war mal son ne Issen-Alsche, die hegte söjen Issen-Kotens. Die wollte eines Tages innen Wald böschen.
(Ich vermute, so unter uns, weil die Issen-Kotens sie hamel kolone machten, da musste die mal raus inne nächste Pieselbendine, von wegen Wald …)
Da schmuste die ihre Kotens: „Passt hamel auf, dat der schofle Juchelo nich hier reinkommt, wenn ich plete bin. Wenn der bei euch bei Beis böscht, frengelt der euch alle auf, mit Bast und Ballen! Der Stacho mimt auf Figine! Der hat ne rauhe Stimme und den schwarzen Quanten. Dat müsst ihr tacko kneistern!" Die Kotens waren wahrscheinlich froh, dat die Alsche weg war und sie mal nen toften Lenz hegen konnten und schmusten ganz scheinheilig: „Ja, liebe Alsche, so makeimern wir dat!" Die Issen-Alsche meckerte nochmal, wie dat so ihre Art war, und böschte los.
Die Issen-Kotens hatten noch nicht mal richtig angefangen, hamel Randale bei Beis zu machen, da klopfte dat auch schon anne Paze. Und dann bölkte einer: „Macht auf, ihr kuranten Kotens, eure Alsche is ambach. Ich habe jeden von euch wat Jovles gebiggt …".
(Hach neee! Aber nich mit die muckeren Issen-Kotens!)
„Wir machen nicht auf!" bölkten die zurück, „du bis nich unsere Alsche, die Stimme von die is pük und koscher. Du bist der schofle Juchelo!"
(Wenn dat jetzt ne Flemmerei wäre, würde ich sagen 1: 0 für die Issen-Kotens!!!!)
Da böschte der schofle Juchelo zu einem Krämer und

biggte ein großes Stück Kreide. Die frengelte der und dann war seine Stimme pük und koscher, wie die von die Issen-Alsche.
Dann wieder dat Gleiche. Hab wat Kurantes gebiggt für die Kotens … eben datselbe Geseiere wie vorher. Aber, die Issen-Kotens ham gekneistert, dat der seine Quante auffe Fenetenbank gelegt hat. Und die bölkten: „Wir machen nicht auf! Unsere Alsche hat nich so schwarzen Quanten wie du, du bist der schofle Juchelo!"
(2: 0 für die Issen-Kotens!!!!!!!!!)
Da böschte der schofle Stacho zum Bäcker und ließ sich Teig auf seine Quante machen und dann zum Müller, der sollte da noch Mehl draufmachen. Der Müller zirochte die Figine, aber der schofle Juchelo drohte den, dat er den frengeln würde, wenn der dat nich tut. Der Müller hegte hamel More und machte dat.
(Ja, so sind die Seegers, diese Wahlis. Bis heute noch!)
Jetzt böschte der Stacho dat kimmel Mal zu der Paze, klopfte an und wieder dat gleiche Blabla mit seine Kalinenstimme. Die Issen-Kotens, voll ambach, wollten die Quante kneistern. Und die war weiß, wie bei die Alsche. Und jetzt ham se ömmes die Paze aufgemacht!!! Die armen Issen-Kotens!!!! Wat für ein Schlamassel!!!!!
Wat da ambach war, könnt ihr euch denken. Der schofle Juchelo hat nich lange gefackelt, fand die alle, obwohl die sich jovel in den Beis verkalli-bort hatten. Und der hat die alle aufgefrengelt, der gattige Stacho. Nur den jüngsten Issen-Kotens nich, dat hatte sich innen Schrank vonne Kabane verkallibort.
(Und nu hams die Issen-Kotens voll vermasselt: 2: 1 ...)
Als der fertig war mit Auffrengeln, legte der sich zum Poofen aufe Mewe untern Baum.

Nich viel später, kam die Issen-Alsche bei Beis

und hat dat ganze miese Brimborium gekneistert. Sie bölkte die Namens von die Kotens, keiner antwortete, is ja klar, wenn die inne Plautze von den Stacho sind … Aber dat Jüngste bölkte doch wohl irgendwat aussen Kabanenschrank. Da hat die dat erstmal da rausgeholt und dat schmuste dann seine Alsche, dat der schofle Juchelo ambach war und die anderen Kotens aufgefrengelt hat.
Modewehl, wat war die Alsche da an Plannigen!!!!
(Woff Kotens mulo! Und dat waren keine Freudentränen, wat ihr ausse Döppens kam! Wer weiß dat schon …?)
Als die endlich fertig mit Plannigen war, is die mit den Koten anne frische Luft geböscht.
(Vielleicht, weil die dachte, dat ihr dat gut tun würde. Heutzutage würden se tacko zu de Psychologens böschen, um denen die Knete inne Strotte zu werfen. Damals reichte ne Tüte frische Luft …)
Und dann hat die Alsche gekneistert, dat auffe Mewe den schoflen Juchelo unterm Baum an Poofen war. Und der war so hamel an Schnarchen, dat die Äste zitterten. Die hat den angekneistert und da war son Zippeln und Zappeln inne Plautze von den. Da muckerte die, dat die Kotens noch an Leben sein müssten.
(Also theoretisch, versteht sich. Wissenschaftlich is dat hier nich! Dat wisst ihr ja!)
Dat ticknoe Issen-Koten musste bei Beis böschen und Schere, Nadel und Zwirn holen. Dann schnitt die Mutter den Stacho die Plautze auf und sofort steckte eins von die gefrengelten Issen-Kotens den Schero ausse Plautze. Alle woff Issenkotens sprangen aus die Plautze raus.
(Dat muss ja nen Bild gewesen sein! Hallelujah!)
Und dann ham die Issen-Kotens hamel schumme Backmänner gehegt, ham die den schovlen Juchelo inne Plautze getan und die Alsche hat den zugenäht.
(Und der hat weitergepooft, der bestußte Stacho!)
Als der wach wurde, hatte der hamel Brand und

wollte wat picheln. Und als der zum Brunnen böschen wollte, wusste der nicht mehr, ob er Backmänner oder Issen-Kotens in seine Plautze hatte. Da rakawehlte der:

„Wat rumpelt und pumpelt
in meine Plautze rum?
Ich meinte es wären woff
Issens Kotens,
jetzt sind's lauter Backmänner."

Und als der sich über den Brunnen beugte, weil der dat Pani picheln wollte, zogen ihn die schummeren Backmänner nach unten und der musste jämmerlich ersaufen ….
(… der miese Stacho! Geschieht ihn Recht! Meine Meinung! Und wenn wir bei dat Bild vonne Flemmerei bleiben, haben die Issen-Kotens haushoche Bewirche mit 3: 1 gehegt und der schofle Jucholo hat voll verkimmelt …)

Jetzt aber noch zu die Issen-Kotens. Als die dat gekneistert haben, kamen die angeböscht und bölkten:

„Der schofle Juchelo is mulo!
Der schofle Juchelo is mulo!"

Und dann schwoften die mit der Alsche um den Brunnen herum.

Ja, ja, so ist dat mit die Stachos. Erst einen auf Figine mimen, dann bestusst an Poofen sein und dann ab in den Brunnen mit Backmänner inne Plautze. So kanns einen gehen.
Wenn der kochum und mucker gewesen wäre, dann hätte der nicht gepooft, sondern dann hätte der sich die Alsche noch zum Nachtisch frengeln können ...
Aber wat kann ich für dat Bestusstsein von die Stachos?

Ich sag nur, aus die Sicht von die Issen-Kotens: Man kneistert sich immer bes Mal im Leben. Auch wenn man dat nicht glauben tut ….

Glossar:
Juchelo: Hund (auch im Sinne von mieser Hund) / söjen: sieben / Isse: Ziege / Pieselbendine: Kneipenviertel / Bast und Ballen: Haut und Haar / zirochen: riechen / Wahli: Versager / voll ambach: aufgeweckt / gattig: gierig / Kabane: Uhr / Mewe: Weide / Brimborium: Durcheinander / woff: sechs / Strotte: Hals

(Quelle: Brüder Grimm 1999)

Marion, 52 Jahre

3. Greta und Jan (Hänsel und Gretel)

(Wie Greta, ein 14-jähriger Teenager ein „Märchen“ erlebt haben könnte …)

Also ich bin die Greta, ne, und mein Alter, also mein Vater, der hat ne neue Ische. Voll ätzend die Alte, die denkt, sie könnte bei uns die neue Alsche sein. Und einen auf Patchworkfamilie machen. Ich hab auch noch nen Bruder, der heißt Jan. Also, okay, meine family hat's nich so mit der Knete. Also, wir sind echt klamm mit Lobi. Nich so geil, kann ich euch schmusen. Dat ist bei uns so, dat wir echt oft hamel Row haben. Und dat nur, weil die neue Ische von mein Alten alles Lobi an Verschickern is. Echt, Leute! Ich hab die Finne mit den Schabau gefunden, hinten im Küchenschrank.

Als Jan und ich mal wieder nich poofen konnten, weil wir so Row hatten, hab ich nachts gehört, wie die Ische zu meinen Alten rakawehlte, dat sie uns plete haben wollte. Die wollten mit uns in den Wald böschen und da sollten wir bleiben. Mein Alter wollte dat erst nich, aber dann doch. Sie hat ihn geschmust, dat ihn nix anderes übrigbleiben wird, als am Ende unsere Kolanis zu zimmern. Die miese Pore! Ich sofort voll an Plannigen und Jan, echt cool, mein Bruder, voll Bescheid weiß der, hat draußen stikum ticknoe weiße Backmänner gesammelt. Warum? Dat muckert ihr tacko.

Nächsten Tag ging der Scheiß nämlich los. Wir alle innen Wald geböscht und dann hamse uns da alleine gelassen. Ich hab in die Döppens von mein Alten gekneistert, und wusste, dat der dat auch hamel schofel findet. Aber seine neue Ische is ja der Obermacker bei Beis. Der steht voll untern Lallipatten bei die. Aber dann war doch nix mit Koten innen Wald lassen und so. Jan, mein Bruder, ne, dat is nämlich nen kochumer Seegers. Der hat die weißen Backmänner auffn Patt von den Weg in-

nen Wald fallen lassen und wir ham ratzfatz nach Beis zurück gefunden.
Die Ische hat uns die Paze aufgemacht, hat voll baff ausse Kowe gereunt und hat megascheinheilig getan. Alles Figine, dat is ne Zirachentofle, dat schmus ich euch. Ich hätte der so auffe Masminen göbeln können.
Dann, paar Tage später, wieder den gleichen Megascheiß. Alle hegen hamel Row, keine Achile bei Beis und die Ische meint, Jan und ich, wir sollten plete sein. Mega ungeil!
Diesmal hat die schofle Ische die Paze abgeschlossen. Die hatte dat voll gemuckert mit die ticknoen Backmänner. Bestusst is die nich.
Nächsten Tag hat mein cooler Bruder die letzte Knierfte aussen Brotschap zerkrümmelt und die Krumen wieder aufn Patt geworfen, aber diesmal hat dat nich gemasselt. Wir, noch tiefer innen Wald als letztes Mal, konnten nich zurück bei Beis böschen. Und wir ham uns voll angestrengt.
Kimmel Tage sind wir in den Scheißwald rumgeböscht, hamel Row, nix inne Plautze. Wat warn wir scheiße drauf. Boah, ey! Bis wir dann so nen ticknoen weißen Geitling gesehen haben, vielleicht war dat so ne Art von Halluzinationismus, wie wenn de bekifft bis. Also bei uns war dat wegen den Row, weißte, weil zu Kiffen hatten wir ja nix mit. Leider. Aber wir tacko hinter den Geitling hergeböscht. Und dann, unfassbar cool, dat Beis, wat wir ambach gefunden haben! Voll, überall voll mit Lebkuchen und Zuckerkrams und haste nich gesehen. Obwohl wir keine Heiersbürste hegten, waren wir voll an Frengeln wie die Weltmeisters… bis, ja, bis da auf einmal son Zirochentofle inne Paze stand. Erst war die voll jovel kurant zu uns. Hat uns wat zu frengeln und picheln gegeben und dann durften wir inne Nobelfirche jovel poofen, voll geil, ey. Aber an den Morgen danach, da ham wir die ihre wahre Mappe gekneistert. Voll die Hexe, die Alte. Überall Tatoos mit Schlangen,

überall wo de hingekneistert has, war die voll mit Piercings. Und jetzt kommt's, ob ihr dat mich glauben tut oder nich: Dat war ne Menschenfresserin. Die wollte mein Bruder Jan auffrengeln. Hat den in son Käfig gesperrt und dann musste der ganz viel frengeln, damit der hamel schumm wurde. Boah, ich hab so More gehegt vor die tofle Hexe.

Marlene, 8 Jahre

Aber an den Tag, als die den Jan braten wollte in ihren Ofen, da hab ich die mit so ne ganz muckere Figine in den Ofen gestoßen und da ist die voll so was von verbrannt. Ja, die Greta is eben nen hamel muckeres Anim.
Und wir, Jan und ich, an Krajöhlen und Schwofen und Schallern. Überall in ihr Beis hatte die so Glitzer-Schore inne Ecken verkallibort und wir ham die volldreist einfach mitgenommen und tacko, tacko, tacko sind Jan und ich nach Hause geböscht. Ja okay, da hat uns noch so ne weiße Planti geholfen. Oder waren wir da wieder bekifft?
Und wat war dat nen Jontev, als wir unsern Alten wiedergekneistert ham. Und, ihr könnt euch dat schon denken, die schofle Ische von ihn, die war mulo gegangen. Einfach so. Mal eben kurz. Voll cool! Boaaah, wat war dat ne geile Fete bei uns bei Beis. Und wir sind jetzt voll die Dickbälger und ich hab mir endlich nen I-Phone gebiggt, voll geil das Teil, kneister mal …

Glossar:
Ische: Frau, Mädchen, Nutte (hier Freundin) / Kolani: Sarg / Pore: Kuh / Lallipatten: Pantoffel / Zirachentofle: hässliches altes Weib / Masminen: Schuhe / Geitling: Vogel / Heiers: Zähne / Mappe: Gesicht / Firche: Bett / Planti: Ente / Dickbälger: Reiche

(Quelle: Brüder Grimm 1999)

5. Kapitel: Jesuskoten, Engelkes und die brastige Mischpoke an Weihnachten

1. Brief vom Weihnachtshegel: So, ihr lieben Kotens!

Ich schmus euch mal wat von den Weihnachtshegel. Jau, dat is der Seegers mit dem nerbelo roten Juffermann und dem roten Dohling aufm Schero. Früher schmuste man auch Nikolaus zu den, als dat noch nich dat braune Kribbelpani gab. Ach egal! Dat kann euch mal jemand anders verkasematuckeln. Da sitzt ihr nu hier, kneistert wie die Engelkes und denkt, der Nikolaus böscht gleich hier rein und ihr hegt wat für lau, weil ihr so brave Kotens gewesen wart. Nee, Kotens, dat könnt ihr vergessen. Eure Alten, die ham dem dat abgepästert, wat ihr so Schofles oder Jovles gemacht hat. Dat steht nich in sein dickes Buch. Nein! Eure Alten, die wolln nur, dat ihr hamel More hegt vor den. Und die Geschenke, die ham eure Alten geschort und der Nikolaus soll nu so tun, als wär er ein lieber Bachus, der wat zu verschenken hat. Pah, alles Figine, Kotens. Alles Figine. Seid mucker, wie ich und glaubt denen nix! Und der Knecht Ruprecht, dat is nen Stacho, der verkallibort die Schore von eure Alten im Busch und dann kommt der mit dem Nikolaus und dem Magaratz durch den Jif und bringt euch die „Geschenke".

Passt bloß auf Kotens, dat se eure Alten nicht kappen und ins Schemmbeis stecken. Dann war es dat nämlich für euch mit dem Nikolaus. Dann kneistert ihr nich mehr wie die Engelkes, sondern ziemlich kolone ausse Kowe. Also seid ruhig wieder frech und ungezogen, dat Bravsein nützt euch nix im Leben.

Und schallert nicht so laut für den roten Figinenköster und sein Stacho und jibbelt nich mit de Blockflöte, denn dat können meine Lauschers nich ab.

Dann hegt mal noch nen toften Lenz.

Euer Weihnachtshegel!"

Glossar:
Weihnachtshegel: Weihnachtsmann / nerbelo: verrückt / Juffermann: Mantel / Dohling: Hut / braunes Kribbelpani: Cola / für lau hegen: umsonst bekommen / abpästern: petzen, verraten / Bachus: guter Mann / Figine: Betrug / mucker: schlau / Stacho: böser Mann / Schore: Diebesgut / Busch: Wald / Magaratz: Esel / Jif: Schnee / kappen: erwischen / Schemmbeis: Gefängnis / kolone ausse Kowe kneistern: dumm aus der Wäsche gucken / Figinenköster: Betrüger / jibbeln: quäkend musizieren

Marlene, 8 Jahre

2. Advent in Mochum anne Öle

(Was die Marktfrau Mia im Advent den gestressten Touristen auf dem Markt erzählt …)

Wenn se in Münster jennikes mal wieder die Latüchten anne Bäume fingilieren, dann isset soweit. Dann böschte am besten nich mehr inne Bendine vonne Innenstadt.

Die Kotens sind mit ihre Blockflöten aufn Weihnachtsschock hamel an Jibbeln, dat dir tacko die Lauschers weh tun.

Jericho sind die lamschen Seegers und Kalinen, die aufn Weihnachtsschock Glühnobelpani geschickert haben. Die jucheln dir allesamt vor de Leeze, weil die Pattjacken ihre Döppen nich aufmachen. Da musste echt auf kiene sein!

Auch schon wegen die Pattenschorers, die dir deine Penunzen aussen Juffermann gannefen. Ach nee, peselt da nich hin! Auch wenn da hamel wat ambach is.

Wat ich euch aber verkasematuckeln will, is, dat ihr dat im Advent, mal jovel masseln tut.

Ich schmus euch: Böscht nach Mochum anne Öle!!!

Juchelt da mal inne Pieselbendine rum. Da sind so

jovle Katschemmen, wo dat wat gegen den Brand und Row zum Picheln und Mauen gibt. Ich schmus euch: Da schmort die Achile lenzig. Und wenn ihr dann schwofen wollt, findet ihr da ömmes jovle Mucke für die Lauschers in den Jubelschuppens da.
Dat is so tofte in Mochum anne Öle, da kannste den ganzen Brassel wegen Weihnachten und deine brastige Mischpoke glatt mal vergessen.

Glossar:
Mochum: Herz-Jesu- und Hafenviertel / Öle: Kanal / jennikes: Jahr für Jahr / fingilieren: dranfummeln / Weihnachtsschock: Weihnachtsmarkt / jibbeln: quäkend musizieren / jericho: am schlimmsten / lamsch: langsam / Glühnobelpani: Glühwein / jucheln: schlendern, langsam gehen / Pattjacken: Fremde, Ausländer / auf Kiene sein: aufmerksam sein, aufpassen / Pattenschorer: Taschendiebe / Penunzen: Geld / Juffermann: Mantel, Manteltasche / gannefen: klauen / verkasematuckeln: erklären / jovel masseln: es sich gut gehen lassen / Pieselbendine: Kneipenviertel / Katschemme: Gaststätte

/ mauen: gut essen / da schmort die Achile lenzig: da schmeckt das Essen gut.

/ Jubelschuppen: Festsaal, hier: Disco / Brassel: Ärger / brastig: nervig, ärgerlich

3. Die olfe Latüchte

(zu singen auf: „Wir sagen euch an den lieben Advent"

Wir labern euch an
den toften Advent.
Kneistert,
die olfe (…) Latüchte brennt.

Wir labern euch an
eine jovle Zeit.
Makeimert dem Obermacker
die Strehle b(e)reit.

Freut euch,
ihr Tiftelböscher,
freut euch hamel,
der Obermacker
is an Kommen tun.

Marion, 52 Jahre

Glossar:
olfe: erste (bes: zwei / kimmel: drei / dollar: vier) / Latüchte: Lampe (hier Kerze) / makeimern: machen / Obermacker: Chef (hier Herr) / Strehle: Straße (hier Weg) / Tiftelböscher: Kirchgänger (hier Christen)

4. Die Weihnachtsgeschichte auf Masematte

(Was man sich in den Wohnzimmern von Klein-Muffi am Heiligen Abend unterm Tannenbaum erzählt …)

Maschemau!
In ein Blökerkabuff inne Bendine von Bethlehem is der Koten von dem Obermacker im Himmel geboren.
Nur innne Bräseplinte gewickelt, pooft der ticknoe Masselfreier auf Heu und Stroh.
Die Alsche heißt Maria und der beseibelte Vater Jupp.
Die hatten Malessen, in Bethlehem ein toftes Käfterken zu muckern.
Den Blöker-Mänglowierern hat son Engelken wat vorgeschallert,
von wegen hamel Jontev wegen der Geburt von dem Jesuskoten.
Da sind die Blöker-Mänglowierer tacko zu dem hingepeselt und ham da gepatronallt und geschallert.
Da war hamel wat ambach.
Und nu joveln wir jedes Jahr nen toftes Fitzebumm, wegen dem beseibelten Jupp sein Koten.
Also dann:
Hamel Jontev mit eure Mischpoke bei eure Weihnachtsfete.
Schnettert euch einen, aber dat ihr mir nich schicker inne Tiftel böscht.

Glossar
maschemau: oh! / Blökerkabuff: Schafstall / Bendine: Gegend / Obermacker: Chef, Herr / Bräseplinte: Windel / poofen: schlafen / Masselfreier: Glücksbringer (hier Retter) / beseibelt: betrogen / Käfterken: Bude / muckern: bekommen / Blöker: Schafe / geschallert: gesungen / patronallen: beten / joveln: feiern / Fitzebumm: Fest / Jontev: Spaß, Freude / schmettern: Alkohol trinken / Tiftel: Kirche

Marlene, 8 Jahre

5. Die kimmel Sternreuner

(... und wie die Geschichte vom Jesuskoten - nach mehreren Lowinchen - von Opa Herbert weitererzählt wird ...)

Und als die Blöker-Mänglowierer fertig waren mit Schallern und Patronallen, war der Jesuskoten schon ordentlich an Plannigen. Seine Alsche konnte den auch nich mehr mit Gannef-Picheln am Körning beruhigen. Da sind so kimmel Seegers zu den Blökerkabuff von den Jesuskoten geböscht. Dat waren so kochume Dickbälger mit Kronen aufm Schero. Die hatten son Stern am Himmel gekneistert und dan ham se sich gedacht, dat da hamel wat ambach sein muss. Da ham die Sternreuner sich den Weg ausbaldowert und sind tacko losgeböscht. Mitm Kamel, wo se Geschenke dranfingiliert haben.
Zwischendurch ham se den Obermacker Herodes (dat musste ömmes nen ganz schoflen Stacho gewesen sein!) nach den Jesuskoten gefragt. Dat war nich mucker von die Sternreuners. Die ham den Stacho geschmust, dat wäre der neue Obermacker von die Bendine! Also der Jesuskoten, der Masselfreier, nein der Obermacker, nein, ach ihr macht mich ganz meschugge ...
Und der Herodes, der dachte nämlich er wäre der Obermacker vonne Bendine, der hat sofort hamel More gehegt. Vor son Koten inne Bräseplinte! Dat glaubst du nienich! Da hat der alle, ömmes alle Kotens inne Bendine mulo makeimen lassen, der schofle Herodes-Stacho, der Kotens-Mulopenk, der ....
Ich glaube, die Sternreuner ham den Jupp dat abgepästert ... Der is nämlichs mit seine Alsche Maria und dem Jesukoten plete geböscht, nach Ägypten, aber dat is wieder ne andere Geschichte ... Nu fragt mich nich danach!
Also, die kimmel Sternreuner, die wollten ja den Jesukoten ankneistern und ham den auch jovel wat

vorgeschallert und gepatronallt, so wie die Blöker-Mänglowierer, nur viel jovler und inne andere Rakawehle. Und die meinten doch wieder, dat dem beseibelten Jupp sein Koten ein Masselfreier is, der die ganze Welt retten wird.

Maschemau. Dann soll der Jesuskoten, Masselfreier, Obermacker oder wie wir den auch schmusen wollen, mal bei mich angfangen. Wenn ich mich meine Malessen ankneistern tu, dann is da noch hamel wat zu makeimern für den.

Aber jeder is eben selbst der Makeimer von sein Massel, schmust mich meine schovle Schwiegeralsche immer.

Also ich schmus euch: Hegt mal nen toften Lenz zu Weihnachten, wenn eure Schwiegeralsche dat zulässt …

… ganz meschugge macht einen die Geschichte von dem Jesuskoten, ganz meschugge …

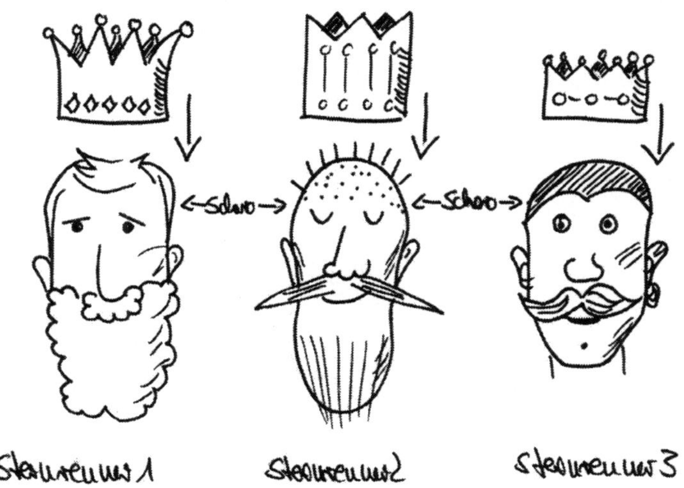

Marion, 52 Jahre

Glossar:

kimmel: drei / Sternreuner: Sterndeuter, Sterngucker (reunen: schauen) / plannigen: weinen /

Alsche: Mutter / Gannef-picheln am Körning: stillen / kochum: klug / Dickbälger: Reiche (hier Könige) / hamel wat ambach: schwer was los / fingilieren: dranfummeln / Stacho: übler Kerl / Bendine: Land / More hegen: Angst haben / mulo: tot / abpästern: verraten / plete böschen: abhauen / Rakawehle: Sprache / beseibelt: betrogen / Masselfreier: Glücksbringer (hier Retter) / Schwiegeralsche: Schwiegermutter / nen toften Lenz hegen: Spaß haben

Marion, 52 Jahre

6. Alle Jahre wieder

(Wat der pegelschickere Vater seine dollar Kotens am Heiligen Abend schmusen tat …)

Also Kotens, macht mal eure Lauschers auf. Dieses Jahr wird dat nix mit dem Christblag und Geschenke bewirchen. Dat hat nämlich kein Lowi auffe Patte gehabt. Und dat mit den Bassel und den Nuttendiesel für eure Alsche, dat hat dat Christblag auch vermasselt.
Obwohl dat so jovel und kurant mit die Kissenpupers von Burkbeis geschmust hat. Und die Dickbälger von das Lowibeis wollten auch auf dat Geseie-

re von das Christblag nicht mehr hören, von wegen nen bisken Knete hügen.
Deswegen konnte dat Christblag keine Geschenke bicken, dat burkante Wahli.
Also Kotens, das Christblag, dat hat dat ömmes hamel vermasselt dieses Jahr und deswegen wird dat jetzt inne Katschemme böschen und sich einen anschickern. Da kann dat nämlich auf Malme machen, weil dat nen Heiligenschein hegt …
Also Kotens, dann schallert mal jovel: „Alle Jahre wieder …"

Glossar:
pegelschicker: volltrunken / dollar: vier / Christbalg: Christkind / bewirchen: bekommen / Lowi auffe Patte haben: Geld haben / Bassel: Ring / Nuttendiesel: Parfüm / kurant: schön / Burkbeis: Arbeitsamt / Dickbälger: Reiche (hier Bankleute) / Lowibeis: Bank / Geseiere: Gerede / hügen: leihen / bicken: kaufen / burkant: arbeitslos / Wahli: Versager /
Katschemme: Kneipe / auf Malme machen: anschreiben lassen

Schluss: Mehr Massel als Brassel (Neujahrsgruß)

Sei kochum
mit dein Brochum.
Und einer
wie der Makeimer
von sein Massel.
Hege kein Brassel,
sondern lieber nen toften Lenz,
aber sei kein Stenz.
Geh Joveln, Schwofen, Schallern,
geh dein Lowi verballern!
Du sollst hamel Jontev hegen,
hamel Row haben auf dat Leben.

Glossar:
kochum: clever, schlau / Brochum: Schicksal, Glück / Makeimer: Macher / Massel: Glück / Brassel: Pech/Ärger / hegen: haben / toften Lenz: großen Spaß / Stenz: Angeber / joveln: feiern / schwofen: tanzen / schallern: singen / Lowi: Geld / hamel Jontev: viel Freude / hamel Row: großen Hunger

Danksagung

Leider gibt es ja auf Masematte kein Wort, mit dem man „Danke“ sagen kann, also mache ich es auf Hochdeutsch.

*(olf)*Ich danke Herrn Schneeberger vom Agenda-Verlag (ja, der Verlag ist in eins von die *jovlen Beiskes* auf Münsters *Nobelstrehle*! Drubbel 4) für die direkte, unkomplizierte und wertschätzende Art, mit mir dieses Buch herauszubringen.

*(bes)*Ich danke Prof. Dr. Siewert für seine intensive und umfassende Forschungsarbeit *(hamel Maloche!)* ohne die wir hier heute in Münster *hamel mies ausse Kowe reunen* würden, was diese *jovle Rakawehle* Masematte angeht.

*(kimmel)*Ich danke meinen „Versuchs-*Jebberos*“ Ulrike Hagel, Edel Wies und Hennig Stoffers für das Probelesen. Ich hoffe ihr hattet trotz der vielen Fehler ömmes hamel Jontev dabei.

(dollar) Ich danke (nochmal extra) Henning Stoffers für seine kompetente und moralische Unterstützung und für das Zurverfügungstellen des Bildes vom Gertrudenhof.

(hei) Ich danke meinen Coworkern bei Hansa-Coworking in der Dortmunder Straße. Ihr seid bunt und lebendig und vor allem motivierend und inspirierend für mich. Und danke, dass tatsächlich immer jemand da war, wenn ich es brauchte!

(woff) Ganz großer Dank geht an Marlene Voigt aus Gelsenkirchen, die mich mit ihren *toften* Zeichnungen bei den Illustrationen so super unterstützt hat. Du bist nen *kurantes und muckeres Anim*, liebe Marlene! Ich hoffe wir *böschen* bald zusammen inne Stadt und *frengeln* uns ein Eis …

(söjen) Am Ende gilt mein größter Dank meinem lieben Mann Ralf Börger, ohne den ich „das alles“ und vor allem die ganze Schreiberei niemals schaffen würde. Du bist ömmes der *tofteste Seegers*, den ich kenne.

Und last noch least, danke ich allen meinen Lesern und Leserinnen, dass Sie ihre *Penunzen ausse Patte* geholt haben und sich son Buch über die *Massematte gebiggt* haben. Ich hoffe, es hat sich gelohnt und Sie hatten *nen toften Lenz.*

In diesem Sinne, *alles jovelino,*

Marion Lohoff-Börger, April 2018.

Glossar:
jovlen Beiskes: hier Giebelhäuser / Nobelstrehle: Prinzipalmarkt / hamel mies ausse Kowe reunen: sehr dumm aus der Wäsche gucken / Rakawehle: Sprache / Jebbero: Kaninchen / mucker: klug / Masemattenfreier: Masemattensprecher / Anim: Mädchen / Penunzen ausse Patte holen: Geld bezahlen / biggen: kaufen / toften Lenz hegen: Spaß haben / jovelino: bestens

Abbildungsnachweis

Umschlag vorne: Marion Lohoff-Börger
Umschlag hinten: Foto, Ralf Börger
S.3: Marion Lohoff-Börger mit Stempeln von Münster-Souveniers
S. 11: Illu.: Marion Lohoff-Börger mit Stempeln der Firma „Hema"
S. 12: Illu.: Marion Lohoff-Börger mit Stempeln der Firma „Hema"
S. 17: Marion Lohoff-Börger mit Stempeln von Münster-Souveniers
S. 18: Marion Lohoff-Börger mit Stempeln von Münster-Souveniers
S. 19: Marion Lohoff-Börger mit Stempeln von Münster-Souveniers
S. 20: Marion Lohoff-Börger mit Stempeln von Münster-Souveniers
S. 21: Marion Lohoff-Börger mit Stempeln von Münster-Souveniers
S. 23: Stempel mit freundlicher Genehmigung der Firma „Hema"
S. 24: Illu.: Marion Lohoff-Börger
S. 27: Illu.: Marion Lohoff-Börger
S. 29: Foto vom Gertrudenhof / Hennig Stoffers / www.sto-ms.de
S. 29: Marion Lohoff-Börger
S. 31: Foto, Marion Lohoff-Börger
S. 36: Illu.: Marion Lohoff-Börger
S. 38: Illu.: Marion Lohoff-Börger
S. 40: Illu.: Marlene Voigt / Marion Lohoff-Börger
S. 42: Illu.: Marion Lohoff-Börger
S. 48: Illu.: Marion Lohoff-Börger
S. 49: Illu.: Marlene Voigt / Marion Lohoff-Börger
S. 49: Illu.: Marlene Voigt / Marion Lohoff-Börger
S. 50: Illu.: Marion Lohoff-Börger
S. 51: Foto, Marion Lohoff-Börger, Privatbesitz

S. 53: Illu.: Marion Lohoff-Börger mit Stempeln der Firma „Hema"
S. 55: Illu.: Marion Lohoff-Börger mit Stempeln der Firma „Hema"
S. 57: Illu.: Marion Lohoff-Börger mit Stempeln der Firma „Hema"
S. 58: Illu.: Marion Lohoff-Börger
S. 60: Illu.: Marion Lohoff-Börger
S. 61: Illu.: Marion Lohoff-Börger
S. 63: Illu. oben: Marion Lohoff-Börger
S. 63: Illu. unten: Marion Lohoff-Börger mit Stempelen der Firma „Hema"
S. 68: Illu.: Marlene Voigt / Marion Lohoff-Börger
S. 74: Illu.: Marion Lohoff-Börger
S. 77: Illu.: Marlene Voigt
S. 80: Illu.: Marlene Voigt
S. 81: Illu.: Marion Lohoff-Börger mit Stempeln von Münster-Souveniers
S. 82: Foto, Karin Jüdes-Sürken
S. 84: Illu.: Marion Lohoff-Börger
S. 87: Illu.: Marion Lohoff-Börger
S. 89: Illu.: Marion Lohoff-Börger
S. 91: Illu.: Marion Lohoff-Börger

Quellenverzeichnis

Brüder Grimm: Kinder- und Hausmärchen. Vollständige Ausgabe. Artemis & Winkler. 19. Auflage, 1999, S. 180/63/116.

Rosten, Leo: Jiddisch. Eine kleine Enzyklopädie. dtv, 4. Auflage, 2008.

Siewert, Klaus: von achilen bis zulemann. Das große Wörterbuch der Münsterschen Masematte. Geheimsprachenverlag Münster, 2. Auflage 2009, S.11 f./16 f

Siewert, Klaus: Olf, bes, kimmel, dollar, hei … Handbuch der Münsterschen Masematte.Waxmann, 4. Auflage 2011.

Siewert, Klaus: Geheimsprachen in Westfalen. Münsters Masematte. Westfälische Viehhändlersprache. Geheimsprachenverlag Münster, 2015.

Strunge, Margret / Kassenbrock, Karl: Das Leben und die Sprache der Menschen in Münsters vergessenen Vierteln. Selbstverlag, Münster 1980.

Weinstein, Miriam. Jiddisch. Eine Sprache reist um die Welt. Kindler, 2003, S. 21.

Glossar

A

abmeiern: zu Ende gehen
abpästern: verraten, petzen
achilen: essen
Achilenfleppe: Speisekarte
Achilen-Heinrichs: Esswerkzeuge
Achile schmort lenzig: das Essen schmeckt gut
Alsche: Frau, Mutter
ambach: da
ambach sein: was los sein
Ambrüm: hallo, ja
anbölken: anschreien
Anim: Mädchen
auf Figine mimen: betrügen
auf kiene sein: wachsam sein
auf Malme machen: anschreiben lassen
ausbaldowern: auskundschaften
ausse Kowe reunen: aus der Wäsche gucken
awade: sicher

B

Bachus: Mann
Backmann: Stein
Ballen: Haare
Balachesen: Geld
Bambonum: Ärger, Lärm
Baschloh: Hahn
Bassel: Ring
Bast: Haut
bedibbern: anschauen
Beheime: Vieh
Beis: Haus
Beisdrachen: Hausfrau
Beisken: Häuschen
bei beis: zu Hause
nach beis: nach Hause
Bendine: Gegend
bes: zwei

beseibelt: betrogen
bestußt: dumm
Bewirche: Gewinn
Bewirchen: bekommen
Bezinnum: Wurst
bigggen: kaufen
Blag: Kind
Blättling: Salat, Gemüse
Blöker: Schaf
Blökerkabuff: Schafsstall
Boker: Rind
bölken: schreien
Bölkpani: Mineralwasser
böschen: gehen, laufen
Boser: Fleisch
Bossmann: Hose
Brand: Durst
Bräseplinte: Windel
Brassel: Ärger
brastig: nervig, ärgerlich
Bratmatrelen: Bratkartoffeln
Brimborium: Durcheinander
Brochum: Schicksal
Brokus: Ärger, Wut
burkant: arbeitslos
Burkbeis: Arbeitsamt
Busch: Wald
Butlak: Hunger

C
Chalobeis: Bauernhof

D
Dohling: Hut
dollar: vier
dellen: schlagen
Dell mi Jack: Gib mir Feuer!
Dibberdaumen haben: Glück haben
Dickbälger: Reiche
Döppen: Augen

dollewinieren: durch den Kopf gehen lassen

E
Edelzwirn: guter Anzug

F
Fehme: Hand
Fenete: Fenster
Fez: Spaß
fingilieren: dranmachen
Figine: Betrug
Figinenköster: Betrüger
Finne: Flasche
Finzel: Sekt
Firche: Bett
Fitzebumm: Fest
Fitzkajöner: Luftikus
Flemmerei: Fußballspiel
flemmen, in die eigene Kiste: Eigentor
Fleppe: Zettel
frengeln: (fr)essen
Fridadeuse: Frikadelle

G
Gallach: Priester
Gannefen: Diebe
Ganti: Gans
gasseln: heiraten
Gasselbassel: Ehering
Gasselfreier: Bräutigam
gattig: gierig
Geitling: Vogel, Ring
Geseiere: Geschwätz
gigger: langsam
gnesig: geizig
Gollof: Milch
Grabbackmann: Grabstein
Grünachile: Salat, Gemüse

H
Halbkarötter: Pleitegeier
Hallasvogel: Draufgänger
hamel: sehr, viel
hamel Jontev: viel Spaß
hamel wat ambach: etwas los sein
hegen: haben
Hegel: Mann
Heier: Zähne
Hunkenbunken: Gesindel
Husche: Polizei

I
Ische: Frau, Freundin, Prostituierte
Ischenpoussierer: Weiberheld
Isse: Ziege

J
jackes: teuer
Jannagel: Gesindel / Asoziale
Jarriken: Ei
Jaschke: wildes Mädchen
jennikes: Jahr für Jahr
jericho: am schlimmsten
jibbeln: quäkend Musik machen
Jif: Schnee
Jontev: Freude
jovel: gut, schön
jovel masseln: glücken
jovelino: bestens
Jubelschuppen: Festsaal
jucheln: spazieren fahren
Juchelo: Hund (auch böser Kerl)
Juffermann: Jacke(-ntasche)

K
Kabache: kleines Haus / Laden
Kabane: Uhr
Kabuff: kleiner Raum
Kachelin: Huhn

kaduck: klein
Käfterken: Bude
Kaline: Frau
Kalle: Braut
kappen: fangen
Karo: Brot
Kasche: Frage
Katschemme: Kneipe
Katzow: Schlachter
Keilof: Hund
Kille: Butter
Killemaro: Butterbrot
kimmel: drei
klamm mit Lobi/Lowi: wenig Geld haben
Klamottenkabache: Bekleidungsgeschäft
Klein-Muffi: Herz-Jesu-Viertel
Klünt: kleiner Handwerker
Knäbbel: Bauer
Knäbbelalsche: Bauersfrau
Knäbbelkümpken: kleine Schale, Tasse
Kneisperfinken: Stielmus
kneistern: sehen, schauen
Kneisterkasten: Fernseher
Knete hügen: Geld leihen
Knierfte: Butterbrot
kochum: schlau
Körning: Brust
Köster: kleiner Bauer
Kotenbeis: Kindergarten
Koterei: Kinderschar
Kolani: Sarg
kolone: verrückt
koscher: in Ordnung
Koten: Kind
Kowe: Kleidung, Wäsche
Kower: Wirt
krajöhlen: schreien
Krückmann: Handstock
Kümmkes: Schalen
kurant: lieb, nett

Kuscheldimuschel: außereheliche Beziehung

L
Lachtaube: Grillhähnchen
Laile: Nacht
Lallipatten: Pantoffel
lamsch: langsam
Latüchte: Lampe
Laumalocher: Faulenzer
lau lone: von wegen
lau masum: ohne Geld
lau oser: verboten
lau schauwe: nicht in Ordnung
Lauschers: Ohren
Leeze: Fahrrad
lellen: stehlen
Lenz: Spaß
Lobbe: Gesicht
die Lobbe halten: den Mund halten
Lorenz: Sonne
Löti: Klemptner
Lowibeis: Bank, Sparkasse
Lowine: Bier
Lowinchen: Bierchen
Lowi: Geld

M
Macheime: Mädchen, Frau
machulle: kaputt, tot
Machullenkamp: Friedhof
Mackelei: Prügelei
Mackes: Prügel
Mänglowation: Sache, Handlungsweise
Mänglowierer: Arbeiter
Mänglowieren: arbeiten Magaratz: Esel
Magulenwiese: Friedhof
Makeimer: Macher
makeimern: machen
auf Malme machen: anschreiben lassen
marole: müde

Maschemau!: oh, oh ja, oh je …
Masematte: Handel treiben
Masematte machullen: das Geschäft kaputt machen
Masminen: Schuhe
Massel: Glück
Masselbrassel: Glück im Unglück
Masselfreier: Glückspilz, „Retter"
masseln: glücken, gelingen
Masmeier: Sonntagsschuhe
Mast: Speck
Matrelen: Kartoffeln
Matschka: Katze
Matschmatrelen: Stampfkartoffeln
mauen: gut essen
meimeln: regnen
Mewe: Weide
miegen: pinkeln
mies: gemein, böse
Mispelfinger: Möhre
Mochum: Herz-Jesu-Viertel
(Wolbecker Straße, Kanal und Seitenstraßen)
Modewehl!: Oh je!
Monte Scherbelino: Müllhalde
More: Angst
mucker: clever, aufgeweckt
muckern: merken
Mulo: Tod
mulo: tot
mulo dellen: totschlagen
Mulopenk: Tod, Sensemann
Murmelschuppen: Kirche

N
nerbelo: verrückt, dumm
Nerbelofreier: verrückter Kerl
Nerbelo: Verrückter
Nobelpani: Wein
Nobelstrehle: hier Prinzipalmarkt
Nuttendiesel: Parfüm

O
Obermacker: Chef
Obermann: Jackett, Mantel
Obermeier: Jacke, Arbeitsjacke
Öle: Kanal
ömmeln: lachen
ömmes: wirklich, tatsächlich, ja, führwahr
Ömmes bekane!: Klarer Fall!
olf: eins
Osnitz, Osnik: Uhr

P
Pani: Wasser
patronallen: beten
Patt: Weg
Patte: Portemonnaie
Pattenschorer: Taschendieb
pattisch: schwanger
Pattjacken: Fremde, hier Touristen
Patze: Regenschirm
Paze: Tür
pegelschicker: volltrunken
Peigelscharett: Leichenwagen
Penunzen: Geld
peseln: gehen, fahren
picheln: trinken
piek: sauber
Pinörkel: Stift
Piesel: Kneipe
Pieselbendine: Kneipenviertel
Pinörkel: Stift
plannigen: weinen
Planti: Ente
Platte machen: draußen übernachten
Plautze: dicker Bauch
plete: weg
plete böschen: abhauen
plümpsen: baden
Ponumka: Gesicht
Poofe: Bett

poofen: schlafen
Pore: Kuh
Praline: Kopf
Primangelo: Zigarette
pük: rein
piek: rein, sauber

Q
Quanten: Füße
quarzen: rauchen

R
rakawehlen: erzählen, sprechen
Ralliken: freches Mädchen
Ratsbeis: Rathaus
Rees: Lied
reunen: schauen
Rochus: Wut
Row / Roof: Hunger

S
Schabau: Schnaps
Schaller: Lehrer
Schasklamöne: Werkzeugtasche
Schassörken: Schweinchen
schallern: singen
Schautermann: Mann
Scheetz: Freund
Scheff bekan!: Hau ab!
Schemmbeis: Gefängnis
Schero: Kopf
schickern: (Alkohol) trinken
Schickermoos: Geld zum Vertrinken
Schmarrer: Arzt
schmettern: Alkohol trinken
Schmergeln: lächeln, grinsen
Schmisse: Schläge
Schmus: Unsinn, Gerede, Quatsch
schmusen: sagen, erzählen
Schock: Kirmes, Markt

Schocklamai: Kaffee
schofel: böse, gemein, schlecht
Schonte: Scheiße
Schontemeier: jmd., d. a. d. Toilette war
Schorbrüder: Diebe
Schore: Diebesgut
schoren: klauen
Schorerei: Klauen
Schuck: Jahrmarkt, Markt
schucken: bezahlen
schucker: schön, kräftig
schumm: dick
schwofen: tanzen
Seegerling: Kerlchen
Seegers: Mann, Typ, Kerl
söjen: sieben
Sorrof: übler Schnaps
Speismakeimer: Maurer
Stacho: übler Kerl
Stenz: Angeber
Sternreuner: Sterngucker
Stieke: Stille
stikum: heimlich, leise
Stoof: Ärger, Streit
Strehle: Straße
Strigo: übler Kerl
Strotte: Hals
Stuss makeimern: Unsinn machen

T
tacko: schnell
Teewinde: Krankenhaus
tickno: klein
Tiftel: Kirche
Tinnef: Quatsch
Tippeljöner: Landstreicher
tofel: alt
tofte: gut, schön
toften Lenz hegen: Spaß haben
Tokus: Hintern

Tokus malolkus: du kannst mich mal …
Tralli: Zug, Bahn
Tschi oser!: Nichts da!
Tuck: Interesse

V
(ver)dollewinieren: sich durch den Kopf gehen lassen
verkalliboren: verstecken
verkasematuckeln: erklären
verkimmeln: verlieren (ein Spiel)
verkneispern: (sich) verdeutlichen
verkonsemaknispeln: deutlich machen

W
Wahli: Versager
woff: sechs
Wuddi: Wagen, Auto
wullachen: schwer arbeiten

Z
Zerche haben: Ahnung haben
Zinken: Nase
zirochen: riechen
Zirochenanim: Drachen
Zirochentofle: hässliches, altes Weib
Zitterfehme: Dattergreis
Zomen: Fuß / Bein
Zomenlappen: Wirsing
Zomerling: Zehe
Zomus: Knochen, Bein
Zossen: Pferd
Zulemann: Nagel

(Quelle: Siewert 2009)